中华先贤人物

# 张载

邹贺 著

中华书局

**图书在版编目(CIP)数据**

张载/邹贺著. —北京:中华书局,2024.8.—(中华先贤人物故事汇).—ISBN 978-7-101-16691-0

Ⅰ.B244.4

中国国家版本馆 CIP 数据核字第 2024CC0272 号

| | | |
|---|---|---|
| 书　名 | 张　载 | |
| 著　者 | 邹　贺 | |
| 丛书名 | 中华先贤人物故事汇 | |
| 责任编辑 | 马　燕　董邦冠 | |
| 封面设计 | 王铭基 | |
| 责任印制 | 管　斌 | |
| 出版发行 | 中华书局 | |
| | (北京市丰台区太平桥西里 38 号　100073) | |
| | http://www.zhbc.com.cn | |
| | E-mail:zhbc@zhbc.com.cn | |
| 印　刷 | 三河市宏达印刷有限公司 | |
| 版　次 | 2024 年 8 月第 1 版 | |
| | 2024 年 8 月第 1 次印刷 | |
| 规　格 | 开本/787×1092 毫米　1/32 | |
| | 印张 5　插页 2　字数 50 千字 | |
| 印　数 | 1-4000 册 | |
| 国际书号 | ISBN 978-7-101-16691-0 | |
| 定　价 | 20.00 元 | |

# 出版说明

孔子周游列国，创立儒家学说；张骞出使西域，开辟丝绸之路；书圣王羲之，留下了曲水流觞的佳话；诗仙李白，写下了"举头望明月，低头思故乡"的名篇；王安石为纠正时弊，推行变法；李时珍广集博采，躬亲实践，编撰医药学名著《本草纲目》……

这些杰出的历史人物，有的是在中华民族文明进程中做出过突出贡献、对后世产生过巨大影响的思想家、政治家，有的是对中华优秀传统文化的传承传播发挥过重大作用的文学家、艺术家、科学家，有的是为国家安定统一、民族融合团结和中外文化交流做出过杰出贡献的军事家、外交家……他们为中华民族的繁荣发展做出了伟大的贡献，他们的行为事迹、风范品格为当世楷模，并垂范后世。

　　他们是中华民族的先贤人物。他们的思想、品德、事迹，是中华优秀传统文化的结晶；他们的故事，是对中华民族的禀赋、特点和气质最生动、最鲜活的阐释；他们的名字，在五千年中华文明史上最为光彩夺目；他们为五千年中华文明史书写了最为光辉灿烂的篇章。

　　为了解先贤，走近先贤，我们精心组织编写了这套《中华先贤人物故事汇》丛书，以翔实可靠的史料为依据，细腻动人的故事为载体，真实地呈现中华先贤人物的事迹、品格和精神风貌，彰显他们的贡献和功绩，激发人们对国家民族的热爱，对中华文明、中华优秀传统文化的崇敬。

　　开卷有益，期待这套丛书成为你的良师益友。

# 目 录

导 读 ·········································· 1

谋划边事 ····································· 1

立志苦读 ····································· 19

府学教授 ····································· 38

虎皮讲《易》 ································· 57

登第入仕 ····································· 76

朝堂是非 ····································· 96

试验井田 ····································· 114

提倡古礼 ·············································· 130

张载生平简表 ······································· 147

# 导 读

　　张载（1020—1077）北宋著名学者、思想家、教育家，创立了宋代理学重要分支"关学"，与程颢、程颐的"洛学"并称，是11世纪后期影响力最大的学派之一。邵雍、司马光、程颢、程颐、朱熹、真德秀、王阳明、王夫之、谭嗣同、钱穆等学者，都曾给予张载极高的评价，有人甚至直接继承、发扬他的思想。

　　张载早年有志于投笔从戎，建立功名。后受范仲淹点拨，转而探求"性与天道"，在通读儒、道、释诸家论著后，确立了儒家学者的坚定自觉，以恢复孟子以后中断千余年的儒学传承为己任，创立"以气为本"的唯物主义观点，还通过观察自然现象，提出"月绕地，地绕日"等科学观点，比欧洲早数百年，与佛、道教虚无的唯心主义观点进行论辩。

步入仕途后，他关心时政，体念百姓，重视社会教育和家族组织，倡导"以礼为教"，提倡社会改革，主张恢复井田。他先后两次出任京兆府学教授，对北宋关中地区的学术繁荣贡献卓著。不过，他在政治上反对王安石新法，属于守旧派。虽有一定的政治才干，但是他长期乡居横渠，将主要精力放在著述和讲学上。

张载为人"谨且严"，以一己之力创立"关学"，带动了宋代关中地区的学术繁荣。后人总结张载之学是"以《易》为宗，以《中庸》为的，以《礼》为体，以孔、孟为极"。其实张载著述颇丰，可惜后世有所散佚，其中的代表作，无疑是《西铭》《东铭》《正蒙》《横渠易说》《经学理窟》等。其中《西铭》是理学名篇，被认为直接传承和发挥《中庸》《大学》的精髓，其中"民吾同胞，物吾与也"后来被简化为"民胞物与"（人民都是我的同胞，万物都是我的朋友），被认为是张载唯物主义思想的集中体现。在南宋时，《西铭》被儒学学者推为经典，朱熹曾说："《订顽》（即《西铭》）之训，示我广居。"以朱熹"闽学"为代表的"道学"的宇宙论、心性论、功夫论、境界论都直接继承于张载之学。所以，张载的"关学"对宋代"道学"，乃至宋明理学，都具有开创性作用。

宋金之际，张载的后代南迁入蜀，随身带着张载的部分文稿，其中有一部《语录》，记有"为天地立心，为生民立道，为去圣继绝学，为万世开太平"之语，当时人认为这四句话是张载对自己学术旨趣、人生追求的高度总结。朱熹将这四句话收入《近思录》，之后，著名学者真德秀引述这四句话时，按照自己的理解，将其改为"为天地立心，为生民立极，为前圣继绝学，为万世开太平"。到了南宋末年，文天祥又将这四句话改为"为天地立心，为生民立命，为往圣继绝学，为万世开太平"。后世普遍以文天祥所述为准，称之为"横渠四句教"。它虽然已非原文，但依然被认为是张载一生为学的归宿，甚至被看成宋儒的集体文化纲领，成为学者士人砥砺自警的千古名句，流传至今。

# 谋划边事

一

位于秦岭主峰太白山北麓的陕西凤翔府郿县横渠镇（今陕西宝鸡眉县横渠），自古就是出山要道，四方商旅游客，经此往来。秦岭取之不尽的药材良木、土产山货，络绎不绝地运载至此。在北宋时，这里是一处小有规模的财货集散地。

宋仁宗康定元年（1040）仲秋，秦岭太白山山风清冽，草木枝叶由绿染黄，放眼望去，一派幽晦山色。在横渠镇南部大振谷口通往太白山的道路上，走着两个男子，其中一人二十岁左右，目光炯炯，直视前方，昂首阔步，虎虎生风；另一人年纪稍长，高大健硕，颏下蓄须，与年轻人并肩而行。

两人边走边说，来到山脚下树林中一处空地，这是乡里青壮农闲时习武操练之处，散放着石墩、树桩等练武之物，还杵着几条杆棒。当下两人各自出拳踢腿，活动筋骨，然后在地上画一个圆圈，脱去上衣，面对面站定。

蓄须者说道："子厚，你我兄弟一个来月未见，今天定要好好过上几招。"

被唤作"子厚"的年轻人笑道："兄此去京兆（今陕西西安），必是得遇高人，眼界气势都较以往不同了，果然是唐人所谓'男儿出门事四海，立身世业文章在。'"

两人不再多说，踏步向前开始较量。闪转腾挪之间，年轻人使出了几招相扑招式玉环步、鸳鸯脚。蓄须者一见，喜道："子厚，你这几招使得十分熟练，想不到短短一个来月，已将相扑穿、跃、探、顶等招式练熟。那我可不客气了。"他瞅准时机，突然弯腰向前疾扑，闪电般出手，抓住年轻人的手臂，用力一拽，同时伸脚使出相扑的"盘腿"

招式。

年轻人收手不及，被扣住双臂，若稳不住重心，势必摔倒当场。可是，蓄须者双手发力，竟然没有拉动年轻人，心中不禁大感意外。

年轻人趁势向前跃起，躲过蓄须者的扫堂腿，并同时借力，钻入蓄须者右肋下，用肩膀顶向他的胸膛。

蓄须者来不及变招，被撞之后，跟跟跄跄地后退数步。多亏他下盘功夫过硬，很快定住脚步，没有跌出圈外。

蓄须者不怒反喜，收回架势，鼓掌叫好道："子厚臂力较一个月前增长不少，定然是在勤加苦练。子厚才智过人，又肯吃苦用功，已然成文武全才矣。"

年轻人慌忙摆手，道："全赖兄手下留情，如此夸赞，小弟真是不敢当。"

原来，这个年轻人就是张载，字子厚，出生于宋真宗天禧四年（1020），今年虚岁二十一。

年纪稍长的蓄须者，是他的好友焦寅。两个人意气相投，都喜欢阅读兵书，经常在一起谈论军政时局，切磋文章武艺，立志学东汉班超、唐朝李靖，成就事业，建立功名。

经过一番比试较量，张载与焦寅心情大快。不多一会儿，焦寅忽然叹了口气，道："我此去京兆，眼见城中街巷闹市，以表演相扑嬉戏取乐。枉费了我朝太祖将这相扑角抵之技定为军中士卒较量胜负之法。想我朝开国至今八十载，重视文教，忽略武备。朝野上下安享太平，早忘了祖宗当年如何凭借尚武精神，统一天下。"

张载点头称是，道："我记得太祖说过，'唐朝李靖、郭子仪，都是儒生，建立大功'，这句话的用意正是鼓励儒生学习兵法，文武双全。可惜现在迂腐的儒生只知伏案读书，靠诗赋考取进士，跻身朝堂，却不懂得军事征战，否则也不会导致今年正月，我军在金明寨、三川口遭遇两场惨败。"

焦寅转身看着张载，认真地说道："自宝元元年（1038）党项元昊狂妄称帝以来，我朝自大轻敌，又拘泥于'文臣指挥武将'的传统政策，派遣文官做军队主将，导致一败再败，逼得朝廷临阵换帅。子厚，你这样的文武全才，正是前线急需的军政人才。大丈夫博取功名，正在此时！"

张载听了焦寅的鼓励，心中禁不住一阵激动。两年来宋夏交兵，张载正值青春年少，满腔豪情，有心投身边事，当下答道："实不相瞒，一个月来，我思考边事，草拟出九条筹划，但未知是否可行。正想等兄从京兆返回，商讨修改。"

焦寅大喜，朗声道："子厚才识不凡，必有扭转战局的妙计奇招，真想一睹为快。"两人当即起身，返回张载家中。

## 二

张载的家在横渠镇南部大振谷口，几间草房，收拾得整齐干净。张载十几岁时，他的父亲张迪病逝于知涪州（今重庆涪陵）任上。母亲陆氏便带着几个孩子，运送棺木，从涪州北上，打算返回原籍开封（今河南开封）安葬。

他们一家出川进入汉中，穿过秦岭，来到凤翔府郿县横渠镇。一方面，儿女年幼，长途跋涉，行路艰难；另一方面，当年开封遭遇蝗灾，田舍荒芜，民不聊生，即便回到家乡也无法安居；再加上张迪为官清廉，一路走来，路费即将用尽。无奈之下，母亲陆氏只得选择在横渠镇择地下葬，全家定居此地。一晃七八年过去了，生活虽不富裕，一家人倒也其乐融融，横渠镇已然成为张载的第二故乡。

焦寅平时常来，与张载一家早已熟悉，也无须讲究客套虚礼，进了院子，就随便往石头上一坐。张载进屋取出一沓厚厚的书信，交给焦寅。随后自己也搬了块石头，坐在对面。

焦寅低头读了半晌，忽然感叹道："妙哉壮哉！这篇雄文一出，事可成矣！"

张载闻言一喜，霍地站起身，急切地问道："兄以为此文所述九条筹划，可行否？倘若果真有可取之处，我打算即刻赶赴京兆，向夏招讨、韩副使、范副使投书自荐。"按照当时的习惯，以官职称呼官员。张载说的夏招讨、韩副使、范副使，分别是新任陕西军政主官陕西经略安抚使兼沿边招讨使夏竦、副使韩琦和范仲淹。

焦寅的目光还停在纸上，口中答道："这九条

张载也搬了块石头，坐在焦寅对面。

筹划环环相扣，字字深得我心。西北交兵以来，我军一直处于败势，故子厚此文先确定战略'清野''固守'，一方面改变'金明寨''三川口'两战的策略，不再出兵与敌野战，避免各支部队疲于奔命，无法配合行动；另一方面要选派有才干的官吏去边地，教导百姓团结亲朋，和睦邻里，使他们互相协助，从而自保。这些措施正符合《虎钤经》所言：'败在我，则坚壁清野，严以守之。'"

张载从旁解释道："而今敌寇随时可能卷土重来，只怕边关文武面对新败，束手待毙，只是坐等朝廷增援。这就苦了边关百姓，既遭敌寇侵扰，又被官吏嫌弃。"

焦寅抬起头，说道："兵法所谓'坚壁清野'，意思是固守城池，清除粮食房舍，预防敌人抢夺利用。子厚则顾全百姓，发动他们依靠山林险阻，团结行动，形成合力。即使敌寇长驱直入，也无法获得给养，而百姓也能免遭战火之灾，真是一举两得。同时配合'省戍''因民'二条，就是不再征调百姓从军备战，使他们安心守家，修筑寨墙、练习技艺，增强战斗力。此论深合如今边关形势，切中要害。"

张载说："采取守势，战事必久。所以又有'足用''警败'二条，意在提醒边关军民，既然战事已经发生，就需要对外加强防御，对内增进团结，要下决心应对长时间的战事。"

焦寅翻过一页，又称赞说："子厚此文若能实施，于国于民皆有利焉。至于这'择帅''择守''讲实'三条，实际上是阐发我朝'文臣指挥武将'的一贯政策，指出随着形势变化，应该摒弃文武之别的旧观念，以军情为重，量才任用。"

顿了顿，焦寅压低声音继续说："我此去京兆，听闻有华州人张元、吴昊投奔夏州，现为元昊谋臣。想来张、吴二人必是郁郁不得志，愤而投敌。此举违背忠君爱国的基本操守，为人所不齿。然而你我兄弟私下说，若朝廷用人能够唯才是举，各方人才报国有门，何来此事？"

张载迟疑地说："若这九条筹划能对西北战事有所帮助，或可博取功名。只怕我所学不过是纸上谈兵，全无实用。"

焦寅沉吟道："话不是这般讲，像'关右诗

豪'姚嗣宗，便得韩副使举荐任用。我听闻范副使在今年八月自请驻防延州（今陕西延安），子厚当携书北上延州。此篇筹划若能打动范副使拨冗召见，你就可借机将咱们私下多次讨论的'大事'，当面向范副使提出，助我军一举改变形势。"

张载重重点头，道："久闻范副使刚直果敢，勇于承担责任，此番主动请缨，置身战事第一线，必有作为。只是他军务繁忙，也不知我此一去，能否如愿见到范副使？"

焦寅咧嘴笑道："子厚怎么忘了？你姊夫宋参军现在环庆路任职，你可先将九条筹划寄与宋参军，请他转托熟识的延州文吏，代为呈上。然后子厚再动身赴延州求见范副使。待'大事'功成之日，何其快哉！"

经焦寅这么一提醒，张载感觉此事必然可行。霎时间，报国热忱激荡胸口，他恨不能脚下生风，一步跨入延州城。

张载、焦寅相视而笑，抬头仰望，白云恍然静止。青年人敢想敢为，仿佛无限舒展的山川、平原，天地万物，似乎都可收纳于心。

那么，张载和焦寅所说的"大事"，具体内容是什么呢？究竟能否顺利实施呢？就看张载此去延州一行，与范仲淹的会谈结果如何了。

## 三

在陕西北部，自古以来就生活着党项部族。唐朝时，拓跋氏因功被赐予"李"姓，成为当地首领。北宋初年，首领李继捧降宋，他的族弟李继迁却选择与北宋开战，并且逐步壮大势力。到李继迁之孙元昊时，他团结部族，招用人才，使党项军威强盛。在宋仁宗宝元元年（1038），元昊称帝建国，史称西夏。此后，宋夏关系彻底恶化。

西夏元昊南下进军的首选目标，是穿过宋夏交界线横山，直取延州。康定元年（1040）正月，西夏军取得"三川口之战"的胜利，延州以北三十六处营寨，都被西夏军攻破。

宋仁宗赵祯及当朝宰相吕夷简眼见陕西边防军政体制混乱，大失所望，贬黜了陕西军政主官范雍、夏守赟等人，改派夏竦、韩琦、范仲淹主持军务。面对凶险的形势，北宋陕西军政要员们必须尽快采取措施，改变大军驻地分散、互不统属、兵将互不相知的状况，稳定局势。

一贯爱惜人才、乐于提携部下的范仲淹，即便到了延州前线，也不忘接见陕西关中的文武人才。这一天，范仲淹端坐在书房中，埋首览阅手中的书束。他书桌对面的椅子上，一个精干利落的年轻人欠身坐着。

此人正是从郿县横渠赶到延州投书的张载，此时此刻，他兴奋紧张的心情尚未平复，仿佛能听到自己怦怦的心跳声。

范仲淹读罢文章，抬头望向张载，上下打量，同时手捻须髯，似乎在思考着什么。

范仲淹是宋仁宗时的名臣，他幼年贫寒，刻苦求学，立志为民。出仕为官后，以直言敢谏、务实肯干著称，在朝廷及地方都取得了不俗的成绩。而且他风骨高洁，才华出众，兼具政治家、学者、诗人多重身份，在士大夫文人中风评极高。此次入陕领兵，也被朝野上下寄予厚望。

张载感觉心快跳到了嗓子眼儿，不知道范仲淹对九条筹划评价如何？

范仲淹终于开口，不过他并不着急切入正题，而是问起了张载的家世经历。

张载恭敬地叉手回答道："晚生祖父讳复，字元易，在真宗时官至集贤院学士、给事中，定居开封。父讳迪，在真宗大中祥符年间（1008—1016）任职京兆，后任知涪州。晚生少年时父亲不幸离世，随母迁居郿县横渠。"

张载简略叙述几句，终究还是忍不住，试探着问道："恕晚生冒昧，敢问明公觉得此文所述各项筹划，是否可行？"

范仲淹闻言，嘴角露出一丝笑意，淡淡地说："此文中所言，与老夫对当前形势的分析，颇为吻合。"

张载一听，激动得差点儿一跃而起，他瞪大眼睛望着范仲淹，说："明公，晚生还有一计，定可一举扭转战局：请明公恩准晚生召集豪侠武士，西取河湟，从西侧迂回西夏后背，到时与明公东西呼应，夹击西夏，大势定矣！"

"西取河湟"正是张载与焦寅讨论多时的"大

事"：深入秦州（今甘肃天水）以西的黄河、湟水流域地区，从横山西端向西夏发起进攻。

张载早已对西北山川地形了然于心，当下语速飞快，侃侃而谈。河湟谷地位于今天青海湖以东达阪山、积石山之间，三百多公里长。自从唐武宗会昌二年（842）吐蕃分裂后，这一地区被各部僧俗首领割据，其中赞普后人唃厮啰，先后被吐蕃宗哥部首领李立遵、邈川部首领温逋奇等拥护。宋仁宗明道元年（1032），宋廷封唃厮啰为宁远大将军、爱州团练使。随后唃厮啰平定温逋奇叛乱，迁往青唐（今青海西宁），建立了青唐吐蕃唃厮啰政权。

张载慷慨激昂，立志效法东汉班超率三十六骑收复西域，率领豪杰义士西取河湟、威服唃厮啰。说到得意处，张载不禁手舞足蹈。

范仲淹依然不动声色，待张载说完，才徐徐说道："青唐唃厮啰一向忠心我朝，五年前，在宗哥河之战中击退元昊，守住河湟之地，因功受封保顺军节度使，故西夏不敢发兵向西。若我军突然派兵进入河湟，岂不是令唃厮啰心中生疑，激发事变？且青唐兵马尚不及我鄜延路兵，保境有余，深入西夏作战恐难胜任。"

范仲淹此语实际是在掩饰事实，因为在今年八月，北宋朝廷已经派出使者到青唐联络唃厮啰，对抗西夏。唃厮啰积极响应，宋廷加封他为保顺、河西军节度使。只不过这是朝廷机密，范仲淹不能对张载直说。张载的计策与朝廷不谋而合，范仲淹心里很是认可，但必须打消张载冒险西进的念头。

张载闻言一愣，青唐兵力这种信息，绝非自己这样的平民百姓所能获知，现在听范仲淹这么一说，确实出乎他意料。难道自己苦心谋划的"大事"，就这样付诸东流了吗？

## 四

张载见范仲淹不同意自己谋划许久的策略，心中难免有些不甘，他的脑子转得飞快，想起了西汉霍去病、三国曹操、唐朝李靖，都是在战场上力排众议，冒险远征，才取得关键胜利。他当即开口争辩道："《孙子兵法》言'兵贵胜不贵久'。昔年冠军侯奔袭匈奴，魏武帝远征乌桓，李卫公击破突厥，无一不是兵行险着。西夏以为青唐兵力单薄，不足为虑，我们偏偏反其道而行之，出其不意，博取险胜。"

范仲淹听了张载的话，面色平静地说道："听你之言，忧国爱民之心，非比寻常。然《孙子兵法》并非一味主张进攻，它也有'避其锐气，击其惰归'之句。战场上，亦须权衡敌我形势。今西夏乘胜，我军新败，以此观之，果真适合发兵深入敌境否？而且你这九条筹划建议我军采取守势，如此一来，西取青唐便是孤军深入，如何才能形成东西夹击之势？"

张载一时语塞，刚才自己情绪亢奋，脱口而出"兵行险着"之语，却被指出西取河湟之计与九条筹划主张采取防守态势，陷入了自相矛盾。张载嘴唇紧闭，紧张地思考如何作答，却一时茫然无头绪。

范仲淹饶有兴致地观察着张载的表情，问道："孔子有言：'南方之强与？北方之强与？抑而强与？宽柔以教，不报无道，南方之强也。君子居之。衽金革，死而不厌，北方之强也。而强者居之。'此言有何寓意？"

张载听出范仲淹在考较自己，这句话出自《礼记·中庸》，传说是孔子之孙孔伋撰写的，被唐朝孔颖达编入《五经正义》，是儒家经典必读书。张载定定神，回答道："孔子以南北为喻，指出同是国家图强，强者依靠刀兵，君子依仗文教；前者是一时之强，后者为万世之强。"

说完这几句话，张载觉得有些意犹未尽。其实他内心里一直觉得儒家学说虽旨趣深远，但往往与社会现实脱节。但是张载不能非议孔子，只是忍不住又引用了老子《道德经》里的一句话，"此语或与老子所谓'兵者不祥之器，非君子之器，不得已而用之'异曲同工，都是强调征战杀伐不利于国家长治久安"。

范仲淹微微点头道："儒家学说的精髓在于礼乐教化，怎么可能轻易诉诸武力呢？"

张载听了这句话，哑然半晌。提百万兵，为国家树万年不朽功绩，是他年少以来的志向，现在竟被尊敬的前辈一口否定。他一直挺直的后背也弯了下去，似乎一股气从他胸中被抽走。

范仲淹缓缓起身，伸手取过桌案上摆放的几本书，走到张载面前，语气真挚地说："圣人之道一以贯之，即是说儒家学说有内在的规律。可惜后世众说纷纭，致使孔孟之道被遗忘、误解了很久。你具有远见卓识，当立志将才智用于阐释天地道理、启迪人心智慧。这数本国子监刻本《礼记》是老夫常读之书，尤其是内中《中庸》一篇，反复读后，愈发觉得说尽天命率性之理。今赠予你，希望你努力研读，学有所成。"

张载双手接过，翻开一看，只见卷头行间，写满了范仲淹的批注按语。张载深切感受到范仲淹对自己的器重，胸中升起一股暖流，使命感油然而生。

张载庄肃地起身，稽首下拜，恭敬地对范仲淹行弟子礼。

范仲淹望着眼前这个比自己小三十一岁的年轻人，不由得回想起自己慷慨励志、发奋读书的少年时光，脸上浮现出欣慰的笑容。

# 立志苦读

一

宋仁宗庆历二年（1042）闰九月，秋阳当空，天高云淡。陕西鄠县横渠镇的田间地头，农人们在劳作之余，躲进树荫，四顾麦穗金黄，尽享和平快活。

张载也在田间地头，不过他不太跟人搭话，而是坐在矮树桩上，目不转睛地读书。这一年他二十三岁，距离北上延州面见范仲淹，已经时过两年。与范仲淹的会面，让张载改变了以前投笔从戎、建功立业的念头，他重拾儒家经典，认真细读。范仲淹赠予的《礼记·中庸》，更是他每

张载坐在矮树桩上目不转睛地读书。

天早晚必读之书。好友焦寅见他志向大变，颇感诧异。

这时，一个比张载年长几岁的青年提着一桶水走过来，搁下桶，舀一瓢凉水，咕咚咚喝了一大口，然后才转头对张载说："二郎，昨天母亲吩咐的事，你跟三郎说了吗？"

张载抬起头，合上书页，迟疑着答道："大哥，三郎天资聪慧，志趣不凡。我以为贤士才俊当以天下为己任，而非投身科场。若用强相逼，岂不是违了他的性子？恐怕……"

张大郎摆摆手，道："二郎你读书多，想得也忒多，反倒忘了孔子说过：'先富之，而后加教。'现今家中贫困，无力送三郎去学馆就读，若二郎你不劝三郎科举，三郎他以后断无可能考取功名。二郎你好好想想，你这么做，一则是对母亲行孝，二则为三郎前途，三则不耽误你读书，一举三得嘛。"

张载面露为难神色，只能摇头苦笑。张载的父亲张迪去世时，张载和弟弟还未成年，张大郎便挑起了顶门立户的生活重担。定居横渠镇后，他农忙时耕种，农闲时采办山货，也就荒废了自己的学业。本来都是官宦子弟，现在却为生活奔波，张载内心一直对大哥敬重有加，即便意见相左，也不会直接反对。

"大哥、二哥！"忽然传来一声清脆的童声，从田埂上跑过来一个十二三岁的孩童，容貌倒与张载有几分相似。

"三郎，慢点儿跑，小心脚下！"张大郎招呼道。这个奔跑而来的孩童，正是张戬。

张戬奔到近前，大声道："大哥、二哥，不得了了，西夏人打过来了！"

"啊?！"兄弟俩同时大吃一惊。张大郎忙弯腰收拾农具，准备回家。张载拉住张戬手臂，道："三郎你莫慌，且细说说怎么回事。"

张戬道："刚才镇上郭员外家来了一帮京兆城里的亲眷，他们说西夏兵要打进关中了，京兆城里的人都跑出来了，再有险情，就进太白山避难去。"

张载闻言，喃喃自语道："难道，范副使也……败了？"

"还愣着干什么！"张大郎已经扛起了家把什，拽着弟弟，迈腿向家中奔去。

庆历元年（1041）五月，范仲淹调任知庆州（今甘肃庆阳），着手安抚分化依附西夏的羌族各部、修筑大顺城等一系列城寨，稳固了环庆路局势。下一年，庆历二年（1042）闰九月，西夏军两路出兵，在定川寨击溃宋军，宋军将领十六人战死。元昊乘胜进军泾河北岸，抵达渭州潘原（今甘肃平凉），距离京兆府三百多公里。一时间京兆城中百姓忧惧惊怕，纷纷出城奔往终南山中避难。

定川寨之战的余波，在横渠镇引起一阵不小的骚动。张载一家提心吊胆地熬到了十月末，终于收到了在庆州任职录事参军的姐夫宋寿昌的书信。他详细介绍了定川寨之战以及范仲淹发兵增援，元昊退兵，关中局势转危为安的情况，并提到宋仁宗的感叹"若仲淹出援，吾无忧矣"。宋寿昌对范仲淹的人品、能力赞不绝口，还说范仲淹向他询问过张载的情况，言语中对张载期望颇高。

张载读罢信，长舒一口气，他本来就想向范仲淹汇报一下自己两年来的学业进展，于是打点行装，赶赴庆州。

二

庆州在春秋时属义渠，秦朝在此置北地郡防御匈奴，历代王朝每当西北发生战患时，必然派遣重兵驻防庆州，保卫关中安全。北宋时，庆州城是一座地势险要的军事重镇，建于高地之上，城后三面背山，城下二水环绕，军吏走卒，往来巡逻。

张载风尘仆仆来到庆州城下，早有宋寿昌派遣的家仆迎候在路边，直接把他带到宋寿昌租赁的房舍里。因为庆州是前线，所以张载的大姐并不在这里。宋寿昌是京兆郑县（今渭南华州区）人，比张载大二十二岁，四年前娶张载大姐为继室。宋寿昌自幼熟读经史，特别喜欢推算人生禄命，经常与张载讨论问题，两个人非常投契。

待宋寿昌公事结束，晚上两人秉烛夜谈。宋寿昌讲述了自己跟随范仲淹修筑大顺城的经历。庆历二年（1042）三月，经范仲淹巧妙安排，在西夏军眼皮底下，用十天时间修起一座新城，成功抵御了三万西夏军的袭击。这座新城被命名为大顺城。此后西夏兵忌惮大顺城，再不敢直接进攻庆州。

宋寿昌将范仲淹在凶险情势下指挥若定的风范气度，详细地给张载描述了一遍。张载听了，再次燃起立功疆场之心，激动地一宿未眠。

第二天，宋寿昌入范仲淹帅府公干，找准机会提出张载想要前来拜见。范仲淹很是高兴，让张载明天过午来见。

第二天一见面，范仲淹笑道："子厚别来无恙？"语气明显比上次亲近。

张载毕恭毕敬向范仲淹行弟子礼，然后献上自己昨天新写就的《庆州大顺城记》，描述了范仲淹修筑大顺城的经过及功绩，结尾提到，"天子曰：'嗟！我嘉汝贤。'锡号大顺，因名其川。于金于汤，保之万年"。意思是，天子表彰说："啊！我赞赏你的才干。"赐名大顺城，并命名城外河流为大顺川。这座坚固的城池，能够永远保卫这里。

范仲淹展卷览过，道："子厚文采英发，尤胜两年之前。不过老夫戍边数年，劳师动众，师出无功，辜负圣恩，谈何'记功'？"

张载知道范仲淹风骨高洁，不以尺寸之功为念，便道："上个月定川寨之战后，西夏深入渭州，关中士人惶恐无计，全赖明公发兵增援，扭转局势。晚生所谓'记功'，并非指修城守土之功，而是指保全生民之功也。"

范仲淹被触动心事，不禁朗声吟诵道："塞下秋来风景异，衡阳雁去无留意。四面边声连角起，千嶂里，长烟落日孤城闭。浊酒一杯家万里，燕然未勒归无计。羌管悠悠霜满地，人不寐，将军白发征夫泪。"

然后说："老夫信笔填写的这阕《渔家傲·秋思》，其实是抒发胸中郁闷。这场战争长年累月，西夏始终不屈服，老夫自感有愧朝野上下的厚望，又没能遵从孔子的宽恕仁爱之理念。"

张载接口答道："子曰'道不远人，人之为道而远人，不可以为道'。明公为国劳心劳力，虽然在用兵征战，但不是为了挑起战争，制造伤亡，而是为救活百姓，避免无谓杀戮。由此来看，正是遵从了儒家崇尚的和平理念。周文王行仁政是贯彻'道'，周武王伐纣何尝不是贯彻'道'？"

范仲淹闻言很是欣慰，道："听子厚之言，果然力学精研，所言所思都体现了孔孟之道，比起两年前，思想学问更加精纯，儒学修为进步神速，未来可期。"

张载面带惭愧地回话："明公谬誉。我在家潜心读书两年，无奈品性鲁钝，其实对《礼记·中庸》开篇'天命之谓性，率性之谓道，修道之谓教'中的'天命'一语，始终不得要领。"

范仲淹沉吟道："两年何其短促，须得沉心冥思二十年，或可习得儒学之真谛。"

听闻此言，张载默默无语。二十岁到四十岁是人生中最应该奋发有为的时光，今后当皓首穷经，还是科举入仕？

范仲淹诚恳说道："以子厚之才情、器量，考科举、博功名，不失为我朝又一贤臣能吏。然而孔子身后一千五百年，庄、墨、法、释诸家学说交相辉映，反而使孔子学说和思想被掩盖扭曲，人心不古，不再崇尚儒家礼乐学说。我辈士人学子，若能阐发弘扬儒家王道学说，难道不是开启万世太平的宏伟事业吗？"

张载只觉眼前豁然开朗，自己的人生抱负，终于找到了依托。当下整衣敛容，发自肺腑说道："晚生立志苦读二十年，定不负明公今日之开示点拨。"

从这一刻起，张载收起了自己的功名心，返回横渠家中，一心一意地开始了求道成圣的苦读岁月。

三

在野战中难求一胜的宋军，终于确定了防守为主的战略方针，使西夏失去了大范围机动作战的战机。接着，宋辽重新修好，孤立西夏，对其实行经济封锁。

西夏元昊为形势所迫，在庆历三年（1043）初，向宋廷提出求和。四月，范仲淹升任枢密副使，奉诏回京。八月，再升为副宰相参知政事。九月，范仲淹回应宋仁宗的咨询，奏上《答手诏条陈十事》，针对当务之急，提出改革的主张。随后，"明黜陟""抑侥幸""择长官"等措施陆续颁行，史称"庆历新政"。

不过"庆历新政"的措施触动了高官权贵的利益，他们攻击范仲淹、富弼等人结党，引起不小的政治风波，范仲淹深感不安。庆历四年（1044）五月，宋夏达成"庆历和议"。六月，辽与西夏交恶，范仲淹自请离朝，巡视陕西、河东等地。庆历五年（1045）正月，范仲淹免参知政事，知邠州，其他推动新政的杜衍、富弼、韩琦、欧阳修等人陆续从朝廷转任地方，"庆历新政"就此告终。

范仲淹再次来到陕西后，不幸患上肺病，不到半年便匆匆调离。

张载每天除了习书苦读外，还指导弟弟张戬读书学习。张戬比张载小十岁，少年老成，不爱与同龄人嬉戏，更喜欢与张载相处，因为张载读书多，各种历史典故信手拈来、如数家珍。

这天一早，张戬醒来后不见张载，慌忙穿好衣服，奔出屋外。却见张载站在院子中，仰头望天，一动不动。

张戬满心好奇，也顺着张载的视线望过去，只见灰白的云层很厚，仿佛一座座巨型山峰，飘浮在空中。

张戬也学张载抬头看天，只听张载问道："三郎，你在看什么？"

"啊？"张戬一脸茫然，含糊地应道："看天呗，很厚的云层中有一小片天空……二哥，你在看什么？"

张载慢悠悠地在院子中踱步，说："其实我也在想自己在看什么。三郎，天就在那里，千万年来从未变化，可是我们抬头所见，或是一片蓝、白、黑、灰之色，或是云、星、风、雨，为什么既看不清天，也触不到天呢？"

张载边思考边说："殷商之民认为天可主宰世间万物，所谓蓍筮龟卜，就是以蓍草、龟甲探知上天的意志。不过，商周易代、春秋乱世，使当时人意识到'天命靡常'。于是，先秦诸子又继续思考天与人之间是相互协调，还是存在分歧？"

张戬听出了门道，更加专注。

张载此时停下来，对张戬说道："先秦儒家论'天'，言犹未尽，先是子贡说：'夫子之言性与天道，不可得而闻也。'后有子夏云：'死生有命，富贵在天。'故后世学者难以确定'天'是自然，还是神灵。唯有《礼记·中庸》坚持'天人合一'之论，认为人能够经由'尽心''知性'，实现'知天''立命'。"

张戬又看了看天，突然问道："那么，诸子百家其他学派对'天'有何看法？"

张载露出欣喜的神色，道："举一反三，吾弟见识不凡。"话音未落，突然瞥见张大郎悄无声息地推着独轮车，准备出门。

张载、张戬忙追上去，张大郎憨厚地笑着说："瞅着你俩在讨论学问，我没敢出声打扰。二郎，你且教三郎温书吧，我进山去了，看看可有猎户售卖野味，晚上回来给全家开荤。"说罢匆匆出门了。

目送大哥远去，张载想起了母亲和大哥的嘱托。张戬天资聪慧，但是受张载的影响，志不在科举。所以，若张载能引导张戬专心业举，考取功名，对张戬个人乃至全家，都有实际助益。

张载自忖领受了范仲淹的教诲，决心苦读二十年，不问前程。但是毕竟功名之心犹在，或许张戬可以实现自己年少时的理想？于是，张载便拿定主意，想要利用自己在求道成圣过程中汲取的学识，引导张戬参加科举。

## 四

北宋建立后，鉴于唐末五代武人干政的弊端，朝廷施行"崇儒"之策，宋太宗将宫中正殿"讲武殿"改名"崇政殿"，宣示了抑武崇文的政策转变。宋真宗则亲口说道："发展儒术作用巨大，国家兴盛就依靠这项政策。秦朝衰败是因为焚书坑儒，西汉兴盛是源于独尊儒术。"到宋仁宗在位时，范仲淹、欧阳修等人标榜儒家礼义廉耻，推动了儒学再次复兴。当时儒学风气浓厚，各地学者钻研学问，收徒授课，涌现出了像胡瑗、孙复、石介等一批著名学者。其中，在关中有华阴申颜、侯可二位学者，先开关中儒风。

现在，张载受到范仲淹的鼓励，也投身到儒学复兴的伟业之中。只是此时的张载还想象不到，二十年后自己将取得怎样的巨大成就。此时他所关注的焦点，还是范仲淹交给他的《礼记·中庸》中的"天"——究竟什么是"天"？

张载、张戬回到屋中，一看书桌上，除了儒家经典，全不见《老子》《庄子》之类诸子百家之书，张载想起自己为了教导张戬应试科举，早把儒经之外的书籍统统收了起来，不觉嘴角泛起了苦笑，忙敛容说道："先秦诸子中，道家对'天'的看法最有特色，认为'人'不能够脱离'天'自主行事，老子、庄子都认为'人'与'天'只能'归真反朴'，意思是同归于'道'或'混沌'。战国之世，荀子批判道家之说，提出'明于天人之分'，可是没有人赞同。三郎以为原因何在？"

张戬边思考边说："荀子号为儒家，实则法家。就此事言之，他以'明于天人之分'反对道家'归真反朴'，却也违背了'天人合一'，也就是在质疑《礼记·中庸》'知天''立命'，背离了儒家正统学说。"

张载点头赞许，继续说道："西汉儒宗董仲舒总结商周以降各种'天人合一'之论，提出以'天人感应'实现'王道'，即'人'所思所行，可以感知'天'，而'天'以祥瑞灾害，警示'人'。到这时'天'与'人'的关系才被说清楚。"

张戬听得有点迷惑，问道："不过，董仲舒'天人感应'之说，仍是在解释'天'与'人'的关系，还是没有说清'天'和'人'究竟是什么。"

张载拿起桌上的《礼记·中庸》说道："韩愈说，孔子的孙子孔伋将《中庸》传授给孟子，这是儒家'道统'。我反复研读《礼记·中庸》，感觉此书对'天''人'关系的叙述仍然不通透。近年来，我读佛、道典籍，从中获得新的启发。佛、道所谓'体用'之说，以'真如'和'成真'为'体'，外化成世间万事万物为'用'，或许可以更好地解释'天''人'关系……"

见张戬一脸茫然，张载便解释说："'真如'即佛，'成真'即道。'体'和'用'譬如灯光，相互伴生。"

张戬道："佛、道典籍，自然是以佛、道为体，世界万物为用。依二哥之意，'天'与'人'

的关系就形同'体'与'用'的关系吗？"

张载答道："然。不过佛、道二教称'用'为虚幻，则误矣。儒家本有自然之说，可上溯到屈原《天问》、荀子《天论》、王充《谈天》。世间万物乃是客观的存在，绝非佛、道二教所谓空空幻象。魏晋时人以老庄学说解释儒家学说，由'贵无'推导出'崇有'，也是在肯定客观世界的真实性。到唐代，柳宗元《天说》和刘禹锡《天论》一脉相承，刘禹锡认为'有''无'皆为'物'，所谓'空''无'不过是'形之希微者也'，他基于'体用'之说，提出'天人交相胜''还相用'，即是说'天''人'在不同条件下，互为'体用'。"

张戬听到这里，恍然大悟道："如此说来，柳宗元、刘禹锡其实修正了董仲舒的'天人感应'、天降威福之类的说法，将'人'从'天'的被动从属关系中解放出来，重新论证了'人'与'天'具有对等的属性。"

张载重重地点头，道："此则是柳宗元、刘禹锡见识过人之处，然而二贤尚未详细阐述'天人'怎样'合一'于'物'。可能是《周易》说的'太极生两仪，两仪生四象，四象生八卦'，也可能是《道德经》说的'道生一，一生二，二生三，三生万物'。不过，到底'道'与'太极'是虚还是实，或者宇宙间还有一物，它才是真正的万物之源？"

张戬热切地看着张载，充满期待地问："二哥觉得如何？"

张载望向窗外，逐渐强烈的阳光使他眯起了眼睛，他斟酌着说道："目前我还没有形成确定的见解，但我一定会继续求索。一旦找到此物，不但可以解答柳宗元、刘禹锡留下的问题，而且能够推翻佛、道二教认为世间是虚无的观点，重新定义'天''人'关系！"

说这番话时，张载双眼逐渐张开，迸射出坚毅阳光的光芒，与他决心去见范仲淹时的眼神一模一样。只不过那时候他想的是建功立业，而现在，他要与佛、道教虚无主义哲学抗衡，建构新的儒家学说体系。

就在张载沉潜经书的同时，世事也在发生变化。

在庆历八年（1048），元昊被弑，年四十六岁。未满周岁的谅祚即位，外戚专权。这期间，张载的姐夫宋寿昌仕途通顺，先后升为感德军节度推官、知蓝田县。皇祐三年（1051），宋寿昌转任知扶风县，与郿县近邻。两人之间一直保持联系，张载并不感觉孤单。

皇祐四年（1052）五月，范仲淹病逝于徐州，享年六十四岁，十二月葬于洛阳，谥号"文正"。

张载治学的引路人不在了，此时的张载，学问精进了吗？是否达到了范仲淹当年的期望呢？

# 府学教授

一

皇祐五年（1053）深秋的一天清晨，夜间的西北风刚停，畏寒的人们还蜷缩在被窝里，并不急于在头遍鸡鸣起床。

横渠镇张载家厢房门被轻轻推开，走出一个童子，十岁上下，缩着脖子，打着呵欠，揉着眼睛，先在院子里出拳踢腿，身上暖和起来了，看看日头，慢悠悠地走到墙边，抓过扫帚，开始洒扫庭院。

过了一会儿，屋门又被推开，张载走出来。

童子忙搁下扫帚，向张载作揖行礼，叫"叔

父"，原来这个童子就是张大郎的儿子张革。张载吩咐侄儿扫过院子，就去晨读。然后，自己去向母亲陆氏、大哥大嫂问安。

这时，家中女眷也已起床，有人劈柴生火，有人担水做饭，张家小院里里外外忙活起来。

日头渐高，张载端坐屋中为张革讲解《论语》，他微闭双目，口中诵道："子曰：'衣敝缊袍，与衣狐貉者立，而不耻者，其由也与？'"张革也跟着吟诵。

张载问道："革儿，这句话的关键在于：为什么子路穿着粗麻败絮的袍子，却要与穿着名贵皮衣的人并肩而立？"

见张革摇头，张载便继续讲道："这就是'修己'，由'修己'而'行仁'。子路愿意与人分享车马服饰，自己虽破衣烂衫，却给予他人锦衣玉食，就像颜回不愿意宣扬自己的优点和功劳，还有孔子乐天知命，将内心与外界协调一致，这些行为的性质都一样，就是通过修正约束自己的行为，来实现'仁'的境界。"

张革毕竟还小，他对孔门弟子的趣闻轶事很

感兴趣，可是叔父一讲到仁义道德、天命人性，他就听不懂，也不爱听了。张载见张革眼神涣散，少不得训斥几句。大约讲了半个时辰，张革已经困得前仰后合，张载知道侄儿不但脑袋听不进去，身体也支撑不住了，便让他暂且休息一阵。张革如蒙大赦，不忘毕恭毕敬地起身行礼，然后一溜烟跑出家门找小伙伴嬉戏去了。

望着侄儿欢蹦乱跳的背影，张载心里暗暗苦笑，不禁想起自己当年教导张戬读书时的情景。

大半年前，张戬顺利通过殿试，考取了进士，官授陕州阌乡县（今属河南三门峡灵宝）主簿。宋代科举制度定型于宋太祖开宝六年（973），分为解试、省试、殿试三级。像张戬没有入州县官学，要先参加地方州县秋季八月举行的乡贡考试，也就是解试。考中后就成了举人，然后在来年春季正月末二月初进京参加尚书省考试，在礼部贡院举行。再接着是皇帝驾临崇政殿出题，进行殿试，考中就是进士，可以直接授官。如果考不中，就要在下次科举时，重新参加解试。北宋早期举行科举的时间不固定，有时每年都举行，有时两年或三年才举行，宋仁宗在位时经常四年举行一次，到宋英宗治平三年（1066），固定为三年举行，后来延续到了清代。

宋真宗时曾经规定解试考中比例为十分之二，后来提升为十分之三，全国到开封参加省试的发解举人达万人以上，到宋仁宗时降为七千人，而省试录取者，在皇祐五年（1053）规定进士及其他诸科，名额都是四百人。当时有说法，读书士子参加十次解试、省试，才能够参加一次殿试。

在教导张戬的同时，张载丝毫未荒废自己的学业。从康定元年（1040）二十一岁的张载初次拜见范仲淹算起，到皇祐五年（1053），十三年时光转瞬而过。张载通读了大量典籍，充分掌握佛、道教思想要义，知道很难再有新的启迪和收获，便回归儒家经典，还没有耗尽二十年时间，已然形成了自己的观点。近些年，通过与关中士人学者进行深入的交流，张载声名鹊起，获得越来越多的认可。可能张载自己还没有意识到，他的努力在事实上推动宋代儒学的发展，进入到前所未有的深度。

侄儿张革出去后，张载展开一封京兆蓝田（今陕西西安蓝田）学友吕大钧的来信。吕大钧，字和叔，今年二十四岁，比张载小十岁，两人因讨论儒学而结缘，经常书信往来。吕大钧在信中盛赞张载"天人一气"的观点，认为他发人所未发，真正阐扬了《礼记·中庸》的精髓。

张载读罢信，展开一张信笺，提笔给吕大钧撰写回信："我以为大到宇宙，小到尘埃，包括人自身，都由气构成。气分成有形、无形两种状态，既然气是客观真实的存在，那么世间万物、纲常伦理也是客观存在，绝不是佛、道二教所认为的空空、虚无。所以，日、月、星、天、地、人、风、雷、电、草、木、鱼……都是'万物一体'。"

刚写到这里，突然听到张革的声音在门口响起："叔父叔父，有官人来了！"

二

张载一抬头，只见张革引着一个头戴交脚幞头的皂吏走进屋里来。

张载正要开口询问，皂吏上前一步，叉手施礼，口中说道："恭喜张学究，文相公有谕，延聘张学究去京兆府学担任教授，请即日动身赴任。"

张载当然知道，皂隶所说的文相公，就是今年八月转任知永兴军的前宰相文彦博。张载一面招待皂吏就座吃茶，一面吩咐张革去镇上找大哥回来，自己则去向母亲禀报。张载还没有娶妻成家，平时出门会友都是说走就走，况且京兆也经常往来，当下与母亲、大哥话别，匆匆收拾几件旧衣裳，便出门上路了。

早在"庆历新政"期间，范仲淹就提议在诸路、州、军、监建立官学，这就是影响巨大的"庆历兴学"，此后各地遍布官学。而地方官学的老师，主要是"教授"，讲授儒经、辞赋。教授的人选，可以是州县幕僚，也可以是当地德行、学识出众者。文彦博来陕西任职后，听闻张载的声名、品行广受称道，便延聘张载来京兆府学执教。就这样，三十四岁的张载开始杏坛设教，他的学生从弟弟张戬、侄儿张革，变成了关中士子。

张载来到京兆后，先去城东府治衙门拜谒文彦博。文彦博是汾州介休（今山西介休）人，比张载大十四岁，他二十一岁考中进士，四十一岁拜相，在地方、朝堂都颇有政绩。

文彦博与张载交谈一番后，对他的学识备感信服，赞赏道："张学究学有所长，不枉京兆士人争相举荐，府学士子能得学究执经教授，必然大有长进。今后全赖学究振肃风纪，勤加教导。"张载感觉文彦博话里有话，但不便询问，当即表示自己定当倾心尽力。便告辞出来，赶往府学。

京兆府学位于京兆府衙西侧，创立于宋仁宗景祐元年（1034），当时范雍主政京兆，建成学舍五十间，聘请著名的终南隐士种放的学生高怿来此讲学，有学生一百三十多人。经过"庆历兴学"，府学规模有所扩大，在府学中就读的生员人数增加到二百以上。后来，到宋徽宗崇宁二年（1103），又在府衙东南修建新府学。学舍达五百间，学生千余人。当然，这是后话。张载所任教的府学，还是旧府学。

唐长安城中用围墙将各居民区包围起来，形成一个个里坊，虽然整齐划一，但是街道上十分冷清。北宋则不同，居民住宅紧挨着街道，开店的、摆摊的，到处都很热闹。尤其是京兆府学所在地，属于京兆府城中心区域，地势低洼，民居混杂。

张载穿过街上人群，来到京兆府学门前。一名老吏将他迎入府学大门，在一间刚打扫过的屋子安顿下来。张载平素生活起居一切从简，略略收拾一下，便取过生员名册，为授课做准备。担任府学教授的张载，兼管讲学授课和考勤管理。

第二天卯时（早晨六点左右），天尚未完全放亮，晨露正浓，几声鸟鸣回荡在京兆府学宽敞的院落中。府学讲堂上，已经坐满了学子。

张载穿着深衣，端坐在讲堂中圈椅上，上身挺直，目光如炬，扫视讲堂中的众人。府学生员既有官宦子弟，也有平民百姓，年长者三十几岁，年幼者十几岁，有的人饱读诗书，有的人腹中空空，有的人久闻张载文名，也有人怀疑张载的学识……在生员们或崇敬、或好奇、或轻蔑、或冷漠的目光中，张载开始了他的第一次授课。

"诸君嗜好读书，立马万言，但不知善思否？"张载语调不疾不徐，抑扬顿挫地说道："今有

张载穿着深衣，上身挺直，目光如炬，扫视讲堂中的众人。

一题，请诸君试解之：孔子与释氏共论之，所论何事也？"

堂上诸生听了，俱是一愣，孔丘与释迦牟尼在一起聊什么？这种问题不但各位生员丈二和尚摸不着头脑，即便是孔丘、释迦牟尼两个人自己也不曾想过吧。

头脑灵活的生员嘴角挂着笑意，或者摇头晃脑，念念有词，或者抓过纸笔，下笔成文。老实本分的生员则两眼发直，冥思苦想到底哪位先贤在哪本书上讲过孔丘、释迦牟尼坐而论道的话，时不时长叹一口气，感慨书到用时方恨少。兴致最高的反而是几个平时不用功读书的生员，他们想当然地认为张载是个读书读傻了的村野痴老，只会玄乎其玄地胡言乱语。

三

一个歪戴幞头的生员朝几个狐朋狗友挤挤眼睛，然后一步三摇走到张载跟前，嬉皮笑脸地拱手作揖道："先生，学生不才，斗胆为先生剖解此题，不知先生恩允否？"

张载不动声色盯着他看了一会儿，微微点头。

歪戴幞头的生员清清嗓子，搓着手说道："《周易》有言：'观天之神道，而四时不忒，圣人以神道设教，而天下服矣。'此之谓上古圣人先自修道成神，复再施教导民也。由此论之，孔子，乃中原之神也；佛陀，乃西域之神也。若二人相遇论道，不离入道成神之事也。忆学生幼年时，家大人在朝为官，学生随侍左右，得以出入禁中，于秘阁旧藏中发现韩昌黎不传之书《儒释合璧》，内中有言'儒释归一，天下和合。'诚哉斯言，儒释必归于神道也……"韩昌黎就是韩愈，这段话的主要意思是说，儒家本来就有"神道"的观念，孔子就是儒家的神，与佛教没有区别。

张载突然大喝一声："错！错！错！汝所言，无一不错！"

这一声响彻讲堂，把歪戴幞头的生员吓得一哆嗦，后退两步，差点儿跌坐在地上。众生员纷纷抬头，茫然地望着两人，张嘴结舌说不出话来。

张载腾地起身，一把抓住这人的手腕，双眼

直直盯着他，连珠炮似的开口教训道："一错也，'神道设教'乃谓天道神妙，何来神仙之说？二错也，子曰'敬鬼神而远之'，你妄称孔子为神，有悖儒生本分！三错也，昌黎公倡言弃绝佛骨，'断天下之疑，绝后代之惑'，与释教截然对立，所谓《儒释合璧》必是后人伪托，或者纯是你信口开河！"

张载心知歪戴幞头的生员意在捣乱，便想给他个下马威，当下一边说，一边加重手劲。此人疼得眼中含泪，弯腰弓背，却挣脱不开。

张载训斥过后，又语重心长地说："看你如此虚妄无稽，为师须得要好好教导。且来听听他人如何解题。"

说罢并不松手，也不再看他，傲然直立，冷峻的目光扫视全场，他看到众生员纷纷惊叹，但也有几个生员面露不忿之色。张载年少时文武兼修，收拾几个刺儿头，自然不在话下。他昨日已将府学生员的名字尽数背了下来，并预先认准了几个人，此刻便直接点名道："嗣禹以为孔子与释氏所论何事？"

众生员悄然无声，齐刷刷地转头，望向一个年约二十的生员。这个生员神色淡然，恭敬地起身作揖，然后朗声道："先生，学生以为，若孔子与佛陀见面，两人一个操中原音，一个操天竺语，言语不通，表意不明，因此什么都无法讨论。"

话音刚落，有几个生员便想大笑，但偷眼看到张载严肃的脸，忙抬手捂住嘴。讲堂内紧张的气氛，瞬间缓解。

这个年轻生员，是知永兴军文彦博的三子文齐贤，字嗣禹。张载本来想看看他的学问口才，没想到他装傻充愣，一本正经地回答了一个似是而非的答案。张载不由得心生感慨："朝廷皇恩浩荡，官宦子弟只需等着父祖推荐，便可做官，对读书治学，只抱持玩乐态度，几无敬畏之心。"但是他们又特别擅长察言观色，如果文齐贤刚才认真回答张载的问题，就难免令他的狐朋狗友心生芥蒂；如果不回答，又会继续刺激张载。他便打个哈哈，把自己从尴尬中解脱出来。文齐贤尚未出仕，但已经深谙谁也不得罪的官场之道了。

张载苦笑摇头，也就势松开了手。歪戴幞头的生员低头揉着手腕，悻悻退回座位了。

# 四

这时，讲堂角落里响起一个怯生生的声音：
"先生，学生有一言，想向先生请教。"

张载闻言一看，只见墙角处站起来一个十五六
岁的少年，应该是所有生员中年纪最小的。张载一
时忘了他的名字，说道："但讲无妨。"

少年脸有些涨红，道："儒家与佛教在家庭社
会、欲望天性、教义道法等方面，互不认同。孔
子曰：'君主要符合君主的身份，臣子要符合臣
子的身份，父亲要符合父亲的身份，子女要符合
子女的身份。'释氏云：'辞别亲人出家修行，认
识真心彻底领悟。'孔子曰：'饮食、男女，是天
性。'释氏云：'小心不要接近女色，也不要与女
子交谈。'孔子曰：'我所思所行有一个贯彻始终
的道。'释氏云：'世间一切行为和规则，都在变
化、幻灭。'如此一来，孔子与佛陀共论，岂不是
针锋相对，一言不合，不欢而散吗？故嗣禹兄所言

在理也。"

张载闻言颇感诧异，对少年投以赞许的目光，加重语气说道："这才是孔释共论这一题的关键。"随后，转向众人，慷慨陈词道："诸君立志学习儒学，而儒家学说蕴含着万世不变的永恒之道，这是从尧、舜、禹传到孔子、孟子、韩愈的'道统'。儒者修习明哲的智识和诚信的品德，二者兼具，就能实现'天人合一'，通过学习参透天与人的关系，则人人可成圣人。正如《周易》所载：'范围天地之化而不过，曲成万物而不遗。'也就是天地万物的变化，都被圣人总结了。此正是儒家之道。"

生员们揣摩着张载的话，有的一脸茫然，有的皱眉思索，有的欲言又止。

张载坐回座椅，继续说道："佛门弟子往往夸大其词，动辄称佛典含大道精微之理，儒家经典未尝涉及，必须以佛典参证。其实佛典行文并不严谨，细究起来就会令人困惑，一卷之内，可能就有多处弊病。佛教厌弃否定世间万物，认为人生是虚幻，有为是多余，世界是阴暗。还总提到'帝释天、波旬、神通、轮回'等语，不过是先秦诸子屈原、宋玉神仙家之说而已。孔子曰：'天何言哉？四时行焉，百物生焉，天何言哉？'难道是孔子不懂得'天人'关系吗？只是不愿谈罢了。所以儒家的主旨，与佛教截然不同，一个求真实，一个讲虚幻。我们都知道，世间的'道'是唯一，那么，佛教对则儒家错；儒家对则佛教错。"

在座生员们渐渐领悟了张载的意思，纷纷点头。

张载语气坚定地说道："《易》曰'仰以观于天文，俯以察于地理，是故知幽明之故；原始反终，故知死生之说。'意思是应该先掌握阴阳变化的知识，才能知道性命的道理，进而知道鬼神、圣人的道理。佛教直接论述空寂，忽略了阴阳变化，从认知上看是舍本逐末。而且不通晓阴阳，怎么能阐述真实？舍真实而谈鬼神，必错无疑。所以佛教所谓真实，只是用言语描述想象，不是真正的真实。"

说到这里，张载有意停下，观察生员们的表情。只见不少人上身前倾，瞪大双眼，努力跟上张载的思路。

等了半晌，张载还是没有开口，前排一个生员便愣头愣脑地发问道："那么请问先生，儒家认为昼夜阴阳之理是什么？还有，到底什么是'天'？我等凡人怎样成为圣人？"

张载颔首微笑，道："我今日首次授课，意在提醒诸君儒、释有别，抱定自己的儒生身份认同，切勿被妖妄怪诞的学说所蛊惑，忘了吾辈'修身、齐家、治国、平天下'之初衷。至于宇宙天道之理，在《周易》中有详细的阐述，儒者不必外求异说。"

说罢起身散讲，众生员忙随之起身行礼，目送张载步出讲堂。

张载心中若有所思，独自在廊檐下走着，突然想起了什么，抬头望天，自言自语道："原来是他，果然京兆城中多才俊。"他想起了刚才回答问题的那个少年叫游师雄，字景叔，在同舍生中年纪最轻。

就这样，张载开始了在京兆府学的教书授徒生涯。生员的脾气秉性、天资才干各有不同，有的人在张载教导下，学业突飞猛进；有的人则冥顽不灵，反感张载不以科举为意。其中，游师雄对张载佩服得五体投地，每次测试都名列前茅，同学们也对他心生敬畏，没人敢与他辩论。游师雄也成了张载"关学"最早的一批入室弟子。

一眨眼，两年时间飞逝而过，至和二年（1055）六月，文彦博被召回朝，再次拜相。在动身前，文彦博询问张载今后的打算，张载坦言，在京兆府学任教的经历使自己的许多学术观点得到论证，待三年教授期满，打算著书立说。

不料，文彦博听了大不以为然，道："学究此言差矣，《左传》云'太上有立德，其次有立功，其次有立言，虽久不废，此之谓不朽'。今学究只取其次者，置立德、立功于何地？且学究正值盛年，困居一隅，避匿不出，岂非辜负我朝养士之意？"

张载闻言陷入沉思，他想起范仲淹当年的叮咛，而今已然十五年了，自己学业小成，是否该重拾少年壮志了呢？

文彦博又劝道："学究学术精纯，乃一等人

才，大可直入东京，访亲问友，砥砺切磋，进一步精进学问。我觉得如此尚且不够，学究此去当博一功名，来日为朝廷所用，以平生所学，共扶持天下，以文治致太平。"

文彦博所言，使三十六岁的张载再一次面对人生选择：是闲云野鹤寄浮生于江湖，还是慨然入世以文教礼仪化导民俗？此时的张载还在犹豫不决，他自己也不可能预见到，人生的第二次重要转折，将在下一年突然到来。

# 虎皮讲《易》

一

至和三年（1056）四月，回到横渠镇家中的张载，同时接到姐夫宋寿昌、弟弟张戬的信，他们不约而同地提到朝廷已经下诏，明年将举行省试，进士名额限四百人。距离上一次皇祐五年（1053）张戬中进士那次省试，时隔四年。两人都劝张载莫再犹豫，应当在闱场大展身手。宋寿昌还神秘兮兮地说，自己已为张载推命，知其在丁酉之年当遇贵人，切莫贻误天时。

张载读罢信，心思微动，只是无法下定决心。他在屋中来回踱步，忽听院子中有人呼喊："二郎！二郎在吗？"张载听出是大哥的声音，忙推门出来。

只见张大郎扶着一辆满载木料的江州车，站在院中，一见张载便说道："镇上各户捐资修缮崇寿院山门，郭员外家出钱出料最多，刚才唤我去他家宅子核算账目。这一车木料，就劳动二郎替我送到崇寿院吧。"

张载平时在家也是做惯了农活儿，当即接过江州车，说道："好说，哥哥自去便是。"说完推起车子，送往崇寿院。

崇寿院是横渠镇山脚下一处寺院，来往行旅客商经常来此借宿，院落不大，香火很旺。张载平时也经常来这里读书，遇到过不少行走大江南北的豪侠文士。

张载驾轻就熟，很快来到崇寿院，交与院中僧人验看接收了，将木料卸下，然后信步来到院中。只见崇寿院各处墙壁粉刷一新，因为有些路过的风雅之士喜欢在墙壁上题写诗词，所以每隔一段时间，崇寿院就要重新粉刷墙壁，官宦名流的题诗留名保存，其他张三李四之流就涂抹掉。张载很爱品评玩味这些人的题诗。

因为是新近粉刷过的墙壁，所以诗词不是很多，张载看过几首，或者诗意寡淡，或者笔力浮脱，皆不入眼。忽然，张载读到一首五律《太白山下早行至横渠镇书崇寿院壁》："马上续残梦，不知朝日升。乱山横翠幛，落月淡孤灯。奔走烦邮吏，安闲愧老僧。再游应眷眷，聊亦记吾曾。"这首诗的书法风格，与王羲之《兰亭序》一脉相承，运笔飘逸，布局疏朗。张载性格坚毅，更喜欢苍劲端严的笔体。但面前这幅书法，自有一种超逸意韵。而且诗中描写晓行夜宿的赶路场景，又如此活灵活现。再看署名，"眉山苏轼子瞻书"，是一个完全陌生的名字。

张载暗暗称赞，接着他又发现这首诗后面紧挨着还有一首五律《次韵子瞻太白山下早行题崇寿院》，可见是前一首的和诗："山下晨光晚，林梢露滴升。峰头斜见月，野市早明灯。树暗犹藏鹊，堂开已馈僧。据鞍应梦我，联骑昔尝曾。"当张载注意到后一首诗的署名"眉山苏辙子由书"，才意识到，题诗的苏轼、苏辙应该是两兄弟，他们穿行终南山而过，去行商、探亲、访友还是求学？两人联骑和诗，何其快哉！

张载心头一动，这眉山苏氏兄弟，有如此文采书法，假以时日或许会成为知名诗人书法家。那么，横渠张氏兄弟又待如何？

想到这里，张载暗暗握紧了拳头，他决定直入当时的文化中心——东京开封，向天下人宣讲自己的学说了。

八月，张载没有悬念地通过京兆府解试，取得发解举人的资格。然后回家辞别母亲、大哥，从郿县出发，一路沿驿道向东去开封。虽然路途漫长，好在有朝廷发放的公券，可以在沿途馆驿食宿和租用车辆马匹。张载行程的第一站先到京兆，随后进入华州地界，依次经过渭南、郑县、潼关。然后来到陕州，迎面就是阌乡县，这里是张戬四年前授官之地，不过他已经在一年前升任凤翔府普润县令，再上路是虢州、陕县，过了陕县就出了永兴军路，进入京西北路了。先到渑池，然后是新安，第三站是西京河南府，也就是洛阳，再过了巩县，是郑州。终于来到京畿路，过了中牟，前面就是东京开封府了。

时至九月，经过十余天的旅程，三十七岁的张载来到了"四面诸侯瞻节制，八方通货溢河渠"的东京开封府。同时，他也得知当今天子刚刚下诏改年号为嘉祐元年（1056）。孤身一人的张载，怀着无比的自信和雄心，大步跨入开封外城正南门南薰门。


二


开封位于华北平原和黄淮平原交接地带，唐朝时名汴州，因为紧邻汴河，水运发达，东南地区物资在此卸货转运，各方车队、商船往来穿梭，一年四季，车水马龙，热闹繁华。唐天祐四年（907）四月，宣武军节度使朱全忠废唐哀帝，称帝建梁，改元开平，史称后梁，并下诏升汴州为开封府，建名东都。相应地，唐朝东都洛阳改称西都，唐国都长安降为雍州，开启了五代十国乱世时代。五十三年后，后周显德七年（960），归德节度使赵匡胤发动"陈桥兵变"，回师开封，代周建宋，史称北宋。

北宋时，开封从外到内分为外城、内城、皇城三重，外城、内城都是夯土城墙。穿过南薰门进入外城，也叫新城、罗城，外城是在前朝后周世宗柴荣在位时修筑而成，周长在29公里以上，开有十四座城门、七座水门。从南薰门向北，有一条直通皇城的御街，也叫天街、端礼街，宽一百步，用细沙铺成，是天子出行时走的路。街两旁有御沟，种植荷花。按规定百姓不能走上御街，只能从两侧通行。

张载一路向北，迎面来到内城正南门朱雀门，内城也叫里城、旧城，修筑于唐建中二年（781），周长11.5公里，进了朱雀门，御街变宽为二百步。汴河横穿内城，位于御街上的州桥，其南、东、西三个方向的街道两侧店铺琳琅满目，州桥东侧又有著名的大相国寺，更是热闹非凡。

过了汴河，分布着开封府、尚书省、御史台、太常寺等中央各部门。御街尽头是皇城正南门宣德门，皇城也叫宫城或大内，城墙周长2.5公里。在朱漆金钉的宣德门背后的北宋皇宫建筑群，修成于宋太祖开宝元年（968）。如果想进入大内，只能等通过省试后，去崇政殿参加殿试了。

张载对开封很熟悉，因为他的祖父张复在宋真宗时做了二十多年的史官，后来父亲张迪西入关中京兆，但是张迪的兄弟们还留在开封，他们都是张载的叔伯长辈。张载寻到城中张氏老宅，立刻被迎进家门。

张载拜见了叔伯，略叙家常，说出此行来历。张氏诸位长辈闻言大喜，纷纷夸赞张载、张戬兄弟学业有成，能继承祖父、父亲的事业，转而又训斥自己的儿孙辈不学无术。张载听了哭笑不得，提出为了准备应试，要去城中寺院寻觅住处。张氏长辈坚决不同意，令张载的堂兄张威负责接待，就在家中住下。

张威与张载年龄差不多，年少也曾学习经史，但受不了黄卷青灯之苦，早早接受武职，做了一名武官。张威很钦慕张载、张戬兄弟能潜心举业，他自己没有机会参加省试、殿试，就把内心的向往转而寄托在张载、张戬兄弟身上。他热情帮张载安顿住下，并不着急离去，而是滔滔不绝地说起四年前张戬来应试的情景，还说要去打听朝廷明年会指派哪位大臣担任考官，好提前去拜会。

张载很感激张威，说："多谢兄劳心，'死生有命，富贵在天。'中与不中，皆有天数，只求尽己所能，不负平生所学便是。我别无所需，只求兄能代为寻觅一物。"

张威双眼放光，道："可是哪位先贤高道的秘笈遗珍？寻着了好去献给考官？"

张载伸出一根手指头，道："一张虎皮便了。"

"啊？"张威感到莫名其妙，"虎皮又不是稀罕之物，难道今年举人流行用虎皮送礼？"

张载笑道："兄误会了，虎皮另有用处，非是为了敬献请托。"

张威拍拍脑袋，道："好说，我去市场上转转，定寻得一张好毛皮来。"说罢一阵风似的去了。

张载就此在老宅住下，每日晨起暮宿，观书写字，极少外出走动。过了几日，张威兴冲冲地带回一张毛皮光亮的虎皮，说道："好歹寻得了这张虎皮，据卖者说是在永兴军终南山中捕获。子厚又是从太白山来，这岂非上天所赐？"

张载感谢不已，又掏出数贯钱给张威，张威不收，张载坚决要给，张威只得收下。他心里依然好奇张载要虎皮做什么用，只是不便开口询问。

第二天一早，张载把虎皮放入包袱中，背在肩上，迈步出了家门。张威以为张载是去送礼，没想到午后张载回来，依然背着虎皮。张威以为送礼未成，不免替他感到惋惜。可转天张载又是同样打扮，天色放亮后出门，午后回来。如此过了三五天，张威越发觉得奇怪。

再一天张载早上出门，张威终究按捺不住好奇心，正好自己这天有空，就偷偷尾随张载，想看看他这些天到底在做什么。

## 三

张载出了家门，一路直行，最终走到了大相国寺。他找了一处廊檐，解开包袱，取出虎皮铺在台阶上，然后盘腿坐在上面，闭目养神。

张威站在山门外，看到张载的举动，更加诧异，干脆也坐了下来，决心要搞清楚张载做什么。

过了一会儿，日头渐高，大相国寺周边人声渐高，游玩的游人、售货的商贩、表演的艺人……人头攒动，摩肩接踵，大相国寺的热闹繁华，果然名不虚传。

张威突然发现不知何时，张载身边已有不少人或站或坐，围聚在他身边。看他们的衣着打扮，多是读书人的模样，张威已经看不到人群中的张载了。

张威干脆也进入寺内，站在人群外，只听张载的声音远远传来："太虚为天地之祖，为仁之原，天地、伦理皆从太虚中来。'太虚即气'，气之本体为太虚，太虚无形，无形之气为太虚，有形则凝聚为气，其聚其散，表现为变化的形体，天地万物皆为气之凝聚。气的聚散与太虚的关系，如同冰的凝结融化与水的关系一样。"

张载话音刚落，一个青年文士操着关中口音大声问道："天地与气，孰先孰后？孰大孰小？"

只听张载不慌不忙地回答道："和叔此问切中肯綮。太虚形成天，天属于阳，在外运行，地属于阴，在内凝聚。天包载万物。恒星自身不动，完全依托于天，随天运转。地在气中，随着天向左旋，星辰随之而动，比地转动慢的星辰，相比之下就成了右旋。恒星之所以分昼夜，也是因为地在左旋，使恒星的位置，相对于地，在北、南之间变化，所以在地上看，日月时隐时现。"

被称作"和叔"的青年文士又追问道："气可察而知之，然太虚微妙难见，尔如何证之耶？"

张载沉着答道："太虚无体，所以无法验证其在外层运转。然而《周易·咸卦》谓：'天地感而万物化生。'是说太虚因为感应而生成万物。感应的方式不同：或者因为相同，或者因为相异，或者因为融洽，或者因为矛盾。感应就像影响，没有先后之别，运动就产生感应。人也是气构成，季节交替，日月升降，人的身体心境不是也随之变化吗？这就叫'万物一体''天人一气'。"

听到这里，人群中发出一阵议论之声，张载的说法十分新奇，又能自圆其说，人们虽然不能立刻接受，却很喜欢听。

尤其是这个操关中口音的青年，他就是张载在

张载坐在虎皮上向众人讲论《周易》。

横渠时便有书信往来的京兆蓝田人吕大钧，字和叔。他与张载同时考取了京兆府发解试，来到开封后，两人相约在大相国寺坐而论《易》。不想两人的对话引起了越来越多的人关注，以至于发展成了小型辩论会。

张威这才恍然大悟，原来张载每天出门，是在这里与人讲论《周易》，从阵势看，张载已经成了主讲者，大家都乐意听他讲。

张威心里说："子厚啊子厚，你既不拜会京城高官，也不闭门温书，终日在这里与人高谈阔论，这有什么用啊？"

张载在大相国寺讲论《周易》，持续了大半天，才与吕大钧等同好一一告别，返回张氏老宅。张载一进自己的房屋，却看到张威坐在椅子上。他问张载为何每天在大相国寺聚众闲聊。

张载听了哈哈大笑，道："兄不闻释家有言：'除灭一切暗，应供极真实。机辩显分明，善察者分别。'我如此行事，正是效法释家坐虎皮椅打坐讲经之事。若我平素所学被诸位士子驳倒，就表示学问未精，再考省试亦属无益。"

张威由衷地叹道:"子厚真是至情至性之人。"

# 四

如此过了一个多月,张载虎皮讲《易》在开封城里成了一个不大不小的新闻,甚至张威周遭的上级同僚,也在议论张载学问高深,发人所未发,张威听了颇觉面上增光。

张载原本觉得能与更多士子会面切磋,是件风雅乐事,没想到的是,自己的名声很快传出了大相国寺。这一天,偃师(今河南偃师)举人张山甫、朱光庭邀请张载、吕大钧等在太平兴国寺约集,寺庙住持特为他们准备了一间禅房,俨然是一次盛会。

这场讲论持续到傍晚才散,张载送走吕大钧、张山甫、朱光庭众人,正要向住持辞别,忽有寺僧拿进来两张拜帖,一张写的是洛阳举人程颢,另一张写的是太学生程颐。原来来访的是程颢、程颐兄弟,哥哥程颢字伯淳,今年二十五岁,他通过了西京河南府发解试,进京来参加明年省试。弟弟程颐字正叔，比哥哥小一岁，是太学生，深受著名学者胡瑗赏识。

张载的姑姑嫁给了二程的祖父程遹，所以张载是二程的父亲程珦的表兄弟，是二程的表叔。不过张载对二程全无辈分之见，向来平等交流学问。他知道二程此刻就在寺门外，忙整衣出迎。

程颢、程颐兄弟见到张载，恭敬地行揖礼，口称"表叔"。张载见两个人神态平和，举止端庄，顿生亲切，边还礼边道："伯淳、正叔来迟一步，我方才还与诸位贤达说起你兄弟二人，期待着大家一起辩论学问。"

程颢叉手答道："愚侄昨日新到开封，晌午才得知表叔在此雅集，不便中途擅闯，故等待人群散去，才前来拜望。唐突失礼，望表叔海涵。"

程颐也说："早听闻表叔在大相国寺讲学论道，前往聆听几次，获益匪浅，然心中尚有不甚了了之处，奈何现场人多言杂，无缘请益。加之太学管理严格，白天少有时间外出，拖延至今才得空随兄长一起前来。"

张载请二人入禅房坐下用茶，道："我所论不过一孔之见，不敢当'请益'二字，若有未审之处，还请伯淳、正叔当面指正。"

程颢望了程颐一眼，程颐便先开口说道："恕愚侄冒昧，听表叔讲论'太虚即气'，认为气是万物之源，此论恐未妥当。应当是先有'理'后生'气'，理是本，气是用，比如世间万物的阴阳属性，都体现出唯一一种'理'，然而'理'不等同于每种个体的具体阴阳属性。"

程颢从旁补充说："一物之中，其可见之形即所谓气；其不可见之理，即所谓道也。'理'是形而上，是天道、人伦、法则、规律，'气'是形而下，是世间万物。"

张载看看程颢，又看看程颐，道："非是不可见，《周易·系辞上》云：'仰以观于天文，俯以察于地理，是故知幽明之故。'此所谓世间一切天文地理，分为明、幽两类。什么是明？《周易·说卦》有言：'离也者，明也，万物皆相见。'则离、明是人所能见者。为什么能见？气也。气聚则离，明得以成形；气散则离，明无法成形。气聚集就是客体，气分散也不能叫无。所以圣人仰观俯察，只说能不能看到、感知到，而不说'有无'，因为气的存在，'无'也是'有'。此即世界是真实存在的原因。"

显然，程颢、程颐兄弟认为世界本源是精神实体的"理"，而张载认为世界本源是物质实体的"气"。

张载对"幽明"的解释，令程颢、程颐一时无法反驳。程颐换了个话题，问道："表叔在讲解《周易·说卦》'穷理、尽性，以至于命'一句时提到：由'见闻'而'穷理'，如果不见闻，不感知世间万物，就无法获得真正的知识。这是否意味着'见闻之知'是最基本的认知？"

张载点头道："'见闻之知'，因接触事物而获得，不同于'德性所知'。'德性所知'不来自见闻。同时，须得在意内心德性，由'见闻之知'，上升为'德性所知'。人本来没有心，因为外物而产生心，但是若仅以见闻知识为心，就限制了心。正确认识天地万物是基础，以德性充实心是提升，此义尽有次序，不可倒置。"

程颐一下来了精神，认真地说道："我倒是以为'闻见之知'同'穷理'没有联系。所谓'穷理'不是认识世间万物之理，而是人的内心明善，所以'穷理''尽性''至于命'都是求于内，人通过内省自身才能悟出天理，不需要通过'闻见'外物，也就是'德性之知，不假闻见'。"

张载微微皱眉道："如此岂非失之太快？先穷理，才能透彻了解自身之性，然后推己及人，了解世间众人之性，由世间众人之性，将万物之性一齐尽得，之后才能领悟天道。这个过程涉及诸多知识、道理，怎么能够一下子全部掌握？"

程颢接着说："然则'穷理、尽性、至于命'三事本为一体，可以一时并举，不须拆分次序，因为天地之间乃唯一至理，才'穷理'便'尽性'，才'尽性'便'至命'。所以不必将'穷理'作为前提。如果真正做到了'穷理'，也就是做到了'尽性、至于命'。"

张载左手张开，包住握拳的右手，道："此言非也。《周易》言理须穷、性须尽，命则不言穷、尽，只言'至于命'，可见命之大矣。命是源，穷理尽性如穿渠引源。学者须是穷理为先，获悉世间实际知识，这是首务，如此则方有学。我认为'知命'与'至于命'之间有程度深浅、近远之别，岂可以'知'便谓之'至'也？"

程颢思忖片刻，又说："《中庸》曰'诚者不勉而中，不思而得。'此所谓心与天地无异，故圣人之神，与天为一，安得有二？我以为不可小觑心的作用，不可将心的作用局限在知识上，也不当以感知、体会为心之外的行为，若如此便是认为'心小性大'，将心与性分离了。"

就这样，三个人你来我往，浑然进入忘我状态。张载基于唯物主义的世界观，认为'闻见'与'内省'是同一性质的行为，程颢、程颐则秉持唯心主义的世界观，强调'内省'高出'闻见'。三人一直辩论到东方鱼肚白，始感觉倦意袭来，不觉相视而笑。程颢感慨道："不知道还有没人像咱们一样，在这里深入地讨论这些问题。"

就这样，张载和二程在此后二十一年时间里，相互切磋砥砺，分别创立了"关学"和"洛学"两大学派，成为名垂千古的著名大儒。

# 登第入仕

## 一

　　进入冬季，在京七千名举人们开始感受到省试的紧张气氛。十一月底，张载向礼部投纳家状、保状，标注了年龄、应举次数、场第、乡贯等信息。嘉祐二年（1057）正月初六，宋仁宗选派翰林学士欧阳修为主考官，王珪、梅挚、韩绛、范镇为副考官。五位考官接到任命后，立即入住贡院，并锁闭大门，与外界隔离。这叫作锁院。考官们要一直待在贡院内，出题、评卷，直到定出考生名次，省试结束，才能出来。

　　主考官欧阳修今年五十一岁，他二十四岁中进士，早年反对骈体文，倡导"古文"，也就是先秦散文。后来因支持范仲淹改革，被贬外地后，写出千古名篇《醉翁亭记》。回京后修成《新唐书》《五代史记》（后世称为《新五代史》），已然是名满天下的文坛领袖。他雄心勃勃，希望在这次省试中，贯彻庆历新政"精贡举"的精神和原则，在为国选才的同时，能对当时的文风、学风和士风，产生积极的影响。

等考官出完考题后，丁酉科省试就在礼部贡院开始举行了。虽然名为礼部贡院，但当时还没有固定场屋，而是临时征用寺庙、馆舍、国子监。在开考前一天，张榜公布座次。正式考试当天，举人进入考场时要搜身，监门查验姓名，将考生引到座位，开考后不允许换座。答卷期间，监门、巡铺等人在考场巡视，一旦发现考生作弊，要取消其两次参加进士科省试的资格。

解试、省试的考试过程一样，分为三场，内容都是诗、赋、论各一首，策五道，帖经十帖，墨义十条。其中最重要的是诗赋，虽然一直有人批评以诗赋取士，不能考察真才实学，但是因为诗赋有声律、平仄等内容，可以作为评判的客观标准，而策论的论点论据复杂难辨，不好评判，所以还是坚持以诗赋取士。

论和策都是散文，对考官提出的问题进行阐述作答。相对来说，策更偏向于时政。据史载，欧阳修为这次省试所出的论题为《刑赏忠厚之至论》，可惜的是，张载在考场上所作之文已经失传。

至于帖经、墨义其实都是背诵，帖经是取一部儒家经典，将页面盖住，留出其中一行，再用一张纸条盖住这一行的大部分字，露出三个字，由考生背诵出该行全部文字。墨义是考官提出一句儒经原文，考生写下历代对这条经文的注释。

宋代规定，省试、殿试不允许燃烛，所以考生作答必须在白天完成，也就是每场考试从卯时（上午六点）开考，最迟到当天酉时（下午五点到七点）结束。

考生交卷后，考卷要糊名，称为弥封，然后交由书手誊录，这样一来，考生的姓名和笔迹，都看不出来了，防备考官阅卷时偏袒舞弊。

试卷批改分为三道步骤，先由点检官批定优

劣，然后由参详官审核点检官批定优劣是否得当，最后交给主、副考官排定等级。

虽然张载等举人们参加这一次进士科省试，只考三场，但是从考官锁院到尚书省放榜，却整整进行了五十天。到了二月底，春意渐盛，桃花、红杏次第开放，或鲜白，或粉红，为开封增添了无尽生机。

这天张威又来张载屋中闲坐，向他请教推命卜问之事，张载提起姐夫宋寿昌去年曾为自己推命，说会得遇贵人。想起自从进京以来，的确结交了不少学者文士，他们都是自己的贵人。

张威想了想，一拍大腿，道："贵人、贵人，其唯当今天子乎！这必是应殿试、中进士之兆啊！"话音未落，只听家中仆役在院中高声呼喊道："尚书省放榜啦！"

张威一听，腾地起身，扯着张载胳膊就往外跑。

尚书省位于宫城宣德门前御街西侧，衙署前的空地上人头攒动，有看榜的举人，也有凑热闹的闲汉。张威和张载赶到时，已经挤不进去了，只得踮着脚尖查看墙上的榜单。

张载先看到榜首第一名李寊，他就是省元。接着第二名是苏轼，张载一怔，瞬间想起崇寿院墙壁上的题诗，暗叹此人果然文采斐然。

突然，张载耳边响起张威惊喜的呼喊："中了！上榜了！可以进宫参加殿试了！！"

张载顺着张威手指的方向一看，果然见自己的名字赫然在列，长久以来的压力顿时消失于无形。不过张威喊的"殿试"两个字，又让他的精神再度紧绷起来，所以他只是抬手擦了擦额头。

这时，吕大钧、张山甫、朱光庭、程颢、程颐等人寻了过来，询问之后，得知除了程颐没有参加这次省试，吕大钧、张山甫、朱光庭、程颢都榜上有名。大家都很兴奋，互相鼓劲，争取再接再厉，通过殿试。

## 二

忽然人群一阵骚动，一大群人高声吆喝着，蜂拥转向一边。张载等人不明所以，被人群裹挟着前进。走了一段路，只见前面出现一队官员，为首一人骑着马，穿着紫色公服，竟是一位三品以上的高官。

程颐一见，低声说："诸位切勿再上前，马上这位正是欧阳学士。"边说边拽着大家，拼命挤出人群，站到街边。

大家都很奇怪，这群人为何要当街拦阻欧阳修？正待细问程颐，只听带头的几人高声喊叫："这次省试，学士执意排抑'太学体'，无一所取。敢问学士缘何如此轻贱我等？既失公允，又伤士子之心！"

一队皂吏仆役紧紧护住欧阳修，欧阳修勒住马缰绳，瞪视众人，训斥道："尔等且听听，'天地轧，万物茁，圣人发''狼子豹孙，林林逐逐''周公伻图，禹操畚锸，傅说负版筑来筑太平之基'，谁来说说这几句典出何书？"

拦路的人群霎时安静，这几句话都是将奇涩险怪字词，嵌入普通的句子，组合成一种人所未见的表述。这种文风兴起于太学，号称"太学体"。虽然能彰显作者学问，但是佶屈聱牙，难以成句。前些年有人以这种文体考取进士，使得部分士子争相出奇，而忽略了文章的立意和见解，最终导致言之无物。欧阳修在这次省试阅卷中，见到这种文体，全部黜落。这才引起落榜士子当街阻拦，讨要说法。

欧阳修厉声道："我此举正是要抨击空洞文风，在省试中剔除投机取巧者，以除文章之害！"

这时一大队巡街士兵赶来，大家悻悻散去。张载等人虚惊一场，不敢多逗留，互相道别，各自离去。

三月初五，通过了省试（当时称为"过省"）的举人，来到崇政殿广场参加殿试。在宋真宗时，殿试黜落人数很多，因此举人们都不敢掉以轻心。当今天子，也就是宋仁宗，临轩策士，出题三道：《民监赋》《鸾刀诗》《重申巽命论》。

这场殿试只有一天，随后是六天的煎熬等待。终于到了三月十一日，这是公布进士名单，也就是唱名的日子。张载等过省举人，再次来到崇政殿前广场。当朝天子端坐于崇政殿内，殿试官、省试官以及宰臣、馆臣等侍立两侧，殿试官将前十名试卷呈递宰臣，再呈给皇帝。皇帝审定后，开始唱名放榜。

一名军头司将官站在丹墀下，按照名次唱名。被宣名的举人应答，分发敕书。进士赐第分为五等，叫五甲，分别叫赐进士及第、赐进士出身、赐同进士出身，殿试第一人就是状元。

嘉祐二年这场殿试成为北宋科举的标志性事件，因为省试落第士子对欧阳修不满，所以宋仁宗下诏：除了作弊等杂犯者，这次殿试不再黜落。张载、吕大钧、程颢、朱光庭、张山甫以及苏轼、苏辙等人全部考中了进士。

唱名赐第后，新进士要进行一系列活动，统称"期集"，包括谒阁门向皇帝谢恩的"朝谢"，还有赐宴琼林苑的"闻喜宴"，然后是去国子监，拜谒先圣孔子和先师颜回、孟轲，然后回到礼部贡院，彼此间叙年齿，也就是拜黄甲、叙同年，同时立题名碑，编"同年小录"。当然也少不了要谒谢欧阳修等考官。在这一过程中，张载的学识颇受众人推重，吕大钧更是拜张载为师。

最后一项是释褐授官。在唐朝，考中进士后不能立刻做官，还要去吏部参加选拔考试，有人考了二十年都无法获得官职。而宋朝不同，除了进士第五甲赐同进士出身者，新进士不需要再考试，都能够直接授官。

数十年寒窗苦读，能否就此步入仕途？新进士们翘首以待。

三

张载被授予祁州（今河北保定安国）司法参军，负责审案定刑。其实张载的理想是以文教致太平，刑罚断狱有违其初衷。不过，张载在任期间还是尽职尽责，忠于王事。他后来说："世上的事不仅有法律所禁止，更有道义所不容，所以应该留心避免。"反映了他对北宋刑法的理解和思考。

这期间张载与吕大钧、程颢等人经常交流，他劝导就任秦州（今甘肃天水）司理参军的吕大钧躬行礼仪，说："学习践行儒家学说需要定约，不定约就要劳心劳力，且难以精进德行。"吕大钧深以为然，日后他制定的《吕氏乡约》就是这种理念的实践。程颢中进士后，出任京兆府鄠县（今陕西西安鄠邑区）主簿。两人与他讨论"定性"，张载认为定性必须"不动"，否则就会受外物影响。程颢写出《答横渠张子厚先生书》，提出"真正的'定'超脱动与静"。依然是在强调人心的作用，这篇文章后来成为理学名篇。

经过每年考课及三年磨勘，张载顺利升为永兴军路丹州云岩（今陕西延安宜川）县令，终于有机会施行自己信奉的圣人之道了。

嘉祐七年（1062）八月初一，仲秋时节，风轻云净，碧空如洗。云岩县衙庭院当中，排开了十余张桌椅，桌上摆放着果蔬酒食，围坐着上百名耄耋老者，旁边侍立着各家子弟，态度恭敬。

张载端着酒杯，穿行于各桌之间，不停与人招呼交谈。几位老者见张载走近，一起向他敬酒。张载就在这桌坐下，与他们交谈起来。

一位长衫老者赞道："人都道张明府是仁厚君子，今日一见果然亲切近人，能得张明府抚绥导善，真敝邑之幸。"

张载问道："翁长家在何村？今年家中境况如何？"

张载端着酒杯，穿行于各桌之间，不停与人招呼交谈。

长衫老者指着旁边众人道："我等皆为本县君子村人，此地土地贫瘠，若赶上风调雨顺也不过能够糊口。幸赖近年朝廷无事，倒也安稳过活。"

张载又问道："最近乡长、里正可曾将本县教告及时传达给大家？"

席上众人纷纷点头，七嘴八舌地说起张载最近发布的几项通告。

一位长髯老者说道："我听邻人讲，他几个月前因事来县衙，明府询问他，'某时命某告某事，闻否？'还说明府在路上遇到乡民，也会停下询问。如果乡民未听过某事，明府就会惩戒乡长、里正。"

长衫老者感叹道："说起来明府真是事无巨细，因为担心法令布告不能传达给所有乡民，便亲口说与乡长，再由乡长、里正转述我等乡民，虽愚夫孺子无不预闻知，可谓用心良苦。"

在座众人一起端起酒杯向张载祝酒，张载也向大家回敬。

喝过酒，长衫老者又道："且说明府不时在初一日召唤各乡耆老来县衙饮酒畅谈，了解乡里民情。一则给乡民示范养老事长，二则可以训诫子弟，用意深远。老朽揣测明府之意，乃是恢复养老敬老之制，想上古时学校又名'庠'，庠者，养也，就是养老之所。"

张载点头道："翁长所言甚是，本县确有此意。周代有养老、视学之礼，东汉以后，二礼合一，当今天子亦每年赴国子监行此礼。想来为政须以敦本善俗为先，当以礼仪、教化为根本。"

当下大家谈论说笑，尽欢而散。

这是张载在云岩创立的制度。每月初一日，用自己的俸钱，于县衙庭院设酒食，张载亲自接待，与乡里耆老共饮叙话。

他还与远在四川的张戬交流施政心得，约定共同行事。当时张戬知金堂县（今四川成都金堂），也在初一日召集年长者饮宴，让其子孙侍立，劝谕孝悌友爱。另外，张戬还专门记录乡民善行，以资鼓励。百姓逐渐被感化，诉讼官司也减少了。

# 四

张载一边教化治内百姓，一边关注朝廷时政。

时至嘉祐七年（1062），宋仁宗年已五十三岁，身患沉疴，却未有子嗣，朝野议论纷纷。韩琦、包拯等人提出过立嗣的建议，却一直未被采纳，司马光等人对此忧心忡忡。这年八月，宋仁宗终于决定立堂侄赵曙为皇子，以避免因为皇位继承而发生动乱。张载远在西北，同样心系朝政，他得知宋仁宗立皇子后"喜甚"，并将喜悦的心情写信告诉程颢。

嘉祐八年（1063）三月二十九日，五十四岁的赵祯病逝，他在位四十二年，庙号仁宗。宋仁宗威望极高，不仅宋朝上下哀悼，甚至辽朝百姓也感念哭泣。

三十二岁的皇子赵曙顺利继位，他就是宋英宗，下一年改为治平元年（1064）。朝野上下都在期待着新天子能够解决宋仁宗在位后期出现的一些政治及社会弊端。

张载在云岩三年任满后，被知永兴军王陶延聘至京兆府学任教。王陶字乐道，宋仁宗庆历二年（1042）进士，他性格刚直，认为世间阴险小人多，所以任官时不随便与人交游，而是一心探求儒学，推崇复古，这一点与张载十分契合。

于是张载再次回到京兆府学任教，经过地方官的一番历练，他的气度更加从容，再没有生员敢搅闹课堂。张载在府学讲堂上侃侃而谈，给生员讲解如何成为圣人。"孟子曰'人性善'，原因何在？因为世间万物，包括人，都由气构成，这就是天地运动变化之理，叫'天性'。'天性'赋予人的是至善、至诚，是世间万物和谐共存，而非杀伐破坏。然而，人与世间万物又有各自的'秉性'，'秉性'产生欲望、邪念，会阻碍至善、至诚的发展。这样一来，人能否认识并发掘内在的至善、至诚，全靠'学'，学习'成圣'。所谓'性与天道合一存乎诚'，人遵循天性，就是人弘扬自身所具有的善、诚。"

有生员提问道："所以先生科举登第，就是在学习'成圣'吗？"

张载眉头微皱，正容道："考科举、取功名，捆绑了世间的名利，多少人被科举的虚名功利蛊惑，反而忘记了读书问学的初心，所以投身科举有背离天性的危险。那么，诸位能否不要太在意科举，而是专心致志地跟随我一起学习和践行儒家学说的真谛呢？"

生员们听了张载的话，深受触动，开始意识到成圣证道与求取功名的区别。

张载在京兆府学从容论学的同时，宋夏之间兵戈再起。西夏第二位皇帝谅祚趁宋英宗刚即位，从拱化二年（宋英宗治平元年，1064）起，持续对宋、青唐吐蕃发起进攻。治平三年（1066），谅祚亲征庆州大顺城，被时任环庆经略安抚使、知庆州蔡挺所败，谅祚中箭伤。

蔡挺字子正，富有智谋，城府极深，曾为范仲淹下属，先后在陕西、河北、江西为官，在军政上表现出色。

治平四年（1067）正月，宋英宗病逝。二十岁的太子赵顼继位，就是宋神宗。这一年，谅祚继续发兵进攻。蔡挺转任泾原路经略安抚使、知渭州（今甘肃陇西），渭州位于宋夏交界，此地阻隔河朔，拦挡陇山山口，掩护秦凉，拱卫关中，是宋夏必争之地。

蔡挺到任后先发兵增援环庆，解除西夏威

胁。接着，庆州发生兵变，蔡挺派出渭州军队予以平定。张载特地为蔡挺写下《贺蔡密学启》，描述了庆州兵变时的紧张形势：兵变爆发后，"惶骇全陕"，各地白天关闭城门，不知道情况会怎样变化，军民都在提心吊胆。幸亏蔡挺处置果断，才能迅速平定兵变，稳住局势。

这是国家用人之际，张载也被调往前线，升为著作佐郎、签书渭州军事判官公事，成为蔡挺的属官。蔡挺对张载特别尊重，礼遇有加。张载倾心尽力，投身公务，积极出谋划策。

这天一大早，张载手中托着一摞文书，走进蔡挺的衙署。蔡挺身着常服，正伏案审读公文，见张载进来，起身相迎。两人互相拱手施礼，隔着书桌相对而坐。书僮随即端上两盏新茶。

蔡挺问道："昨日斥候（古代的侦察兵）所报，西界黄河里外发现西夏人马聚集一事，不知子厚可有应对之策？"

张载叉手道："回禀蔡帅，下官昨夜细细审覆本州兵马防御安排，幸不辱命，草拟《经略司画一》，权且胪列十三方面，呈请蔡帅定夺。"说完双手呈上文书。

蔡挺接过文书展读。张载接着说道："下官以为当今急务包括：第一，在坚壁清野的同时，制订作战策略；第二，选派将校，分配兵额；第三，如果西夏军深入，要预先确定设伏地点及战守要害；第四，确定可以动员的兵力；第五，摸清各位将领的训练情况；第六，熟悉将领之间的关系，才有利于互相合作；第七，清点兵马，根据战况变化，随时调整将领职责……咳咳咳……"

张载话说急了，一阵咳嗽。蔡挺抬起头，示意张载呷口茶，平复气息。

张载深吸口气，接着说："第八，选派增援相邻地区的将领；第九，选择一两位尽心称职的文武官员，随时应对变化；第十，选拔勇敢善战的精兵；第十一，允许兵将口头通报紧急军情；第十二，招募民间弓箭手，要求臂力达八九斗以上；第十三，同时也在军兵中选拔弓箭手。"

蔡挺点头道："子厚才智不让留侯。我已令在军中建'勤武堂'加强训练，正与子厚所议不谋而合。至于其他条目，且待召集诸将僚佐详谈。"

蔡挺对张载的想法很重视，此后他采取的清点军兵、选拔精兵、编练民兵等措施，正是按照张载《经略司画一》所列条目，逐一落实。

治平四年（1067）十二月，西夏谅祚突然去世。其子秉常继位，年方七岁，由太后、国舅专权。熙宁元年（1068）三月，西夏派使节入宋告哀。

张载密切关注着新的变化，就宋夏关系写下《与蔡帅边事画一》《泾原路经略司论边事状》等多篇文章。张载提出兵卒往来戍守，疲于奔命，作用有限，不如直接招募当地居民。这项建议被蔡挺采纳，编组义勇民兵一万五千人，每年集结两次，平时回家务农，节省了官府大量钱粮。在渭州期间，张载与蔡挺配合相得益彰，实际起着军师、参谋的作用，军政才能得到充分发挥，不枉当年范仲淹给予他的高度评价。

张载的表现，也得到朝廷赏识。熙宁二年（1069）九月，御史中丞吕公著向宋神宗赵顼举荐张载，他说："张载学问高深，通晓修养身心、报效国家的要义，长期在陕西任职，当地人都以他为榜样和表率……希望朝廷能够降旨任用，或者入朝觐见陛下，考察其人品才干，或者任命为馆阁文臣，等候遴选委任。"

就这样，熙宁二年（1069）冬，五十岁的张载被召入开封，得到面见宋神宗的机会。等待张载的是又一次人生机遇，还是巨大挑战呢？

# 朝堂是非

一

熙宁二年（1069）闰十一月的一天，天刚卯时初刻（相当于现代上午五点），冬季清晨的西北风吹得人脸皮发疼，东京宫城正南门宣德门西侧的待漏院里，陆陆续续聚集了十余名官员，除了阁门使、副使、通事舍人等引导官员，还有翰林学士、给事中、中书舍人等侍从官。其中，更有当今身份最尊贵显赫的七个人：宰相曾公亮、陈升之，副宰相王安石、赵抃，枢密使文彦博、吕公弼，枢密副使韩绛。

在一群紫色、红色公服中，一件绿色公服显得有些突兀。按照当时的规定，三品以上官员着紫色公服，五品以上服朱，七品以上服绿，九品以上服青。这个身着绿色曲领公服的人就是张载。他头戴幞头，腰束革带，手持笏板，脚蹬乌皮靴。前几天他给银台司递交了奏状，然后等候阁门司排班，终于获准在今天入宫觐见宋神宗。虽然手脚在寒风中冻得冰凉，他的心情却亢奋紧张。

曾公亮、陈升之、王安石、赵抃四人坐在椅子上审阅今天所进文书，其中包括张载的奏状，而其他人，包括文彦博、吕公弼、韩绛都没有资格审读。待漏院气氛轻松。文彦博与张载是旧识，吕公弼是举荐张载的吕公著的二哥，两人便把张载介绍给众人，有人提起了十三年前张载在大相国寺虎皮讲《易》的往事，引起一阵啧啧称赞。

张载略感轻松，与文彦博等人谈起了渭州的民生。张载说："下官在渭州，见到不少边塞百姓乏粮，向官府借贷粮食，可是钱财不足，加上霜旱灾害，无法偿还。下官便劝说蔡安抚取出储备军粮数十万，招募他们佃种渭州清理出的一千八百顷耕田。下官以为此举既能救灾，又可稳定这些佃户，一举两得。"

文彦博被触动心事，皱眉道："关陕民众屡经征调，非常疲敝穷困。为今之计，正当安抚百姓，使其休养生息。减省征收徭役则百姓安，百姓安则财用足矣。"说罢默默摇头，颇为苦恼。

只听韩绛插话说："枢密多虑矣。此渭州一地一时之困，若以天下论，民间人力财货何其多哉。故以下官愚见，正是因为诸多旧法不便，才使得民疲兵顿。如若像张著作这样施措得当，定可尽民力而足财用。"

文彦博眉头皱得更紧，转头盯视韩绛。这时，吕公弼对韩绛说道："子华如若心中已有谋划，可在奏章中详尽阐述，上呈御览，交二府讨论。只是切勿忘记晏子有言：'食鱼无反，毋尽民力乎！'"显然，吕公弼在替文彦博告诫韩绛，不能过度攫取民力物力。

旁边张载看在眼里，心中暗暗吃惊，他知道宋神宗继位后，启用王安石、韩绛等新进少壮派大臣，就是想励精图治，改革旧制。但是张载没想到，似乎文彦博等老臣，对此举持有异见。

正说着话，只听宣德门谯楼鼓声响起，是卯时正一刻（相当于现代上午六点十五分）到了，左、右掖门已开。曾公亮等人立刻起身，进宫见驾。

## 二

按照常日视朝的规矩，阁门使先引宰相、副宰相、枢密使、枢密副使等入见，然后再引三组侍从官和转对官员入见。到辰时（相当于现代上午七点到九点），皇帝要入内用膳。然后转到文德殿接见百官，不过皇帝一般不再出席，而是由宰相去押班，即监督百官。如果赶上隔天一次的经筵讲读，百官可能要在文德殿一直等到下午，因此经常有官员推脱有病，不去文德殿常参。

张载随曾公亮等人来到垂拱殿外，又看着曾公亮等人鱼贯而入，自己则耐心地等待着。他想起了刚才在待漏院见到的王安石，此人以学识、品行闻名，而博得宋神宗信任。又想到此前已被召入朝的程颢、张戬等人对王安石的评价，他们一方面对王安石的学问、见识赞不绝口，另一方面也提到他不近人情，标新立异。张载暗想：王安石比自己小一岁，已经升任副宰相，自己是否也有机会以经术获得进用呢？

忽听到阁门使传唤，张载忙收回思绪，跟着通事舍人走上垂拱殿。先两拜，再舞蹈，然后三拜，奏道："圣躬万福。"还要两拜，接着才开始正式奏事。所奏内容就是前几天呈交银台司的奏状，主要是介绍渭州的情况，并提出一些建议。

宋神宗一直打量着张载，待奏事已毕，开口道："久闻卿学术精纯，卿以为治理国家的基本原则是什么？"

张载恭谨地答道："治理国家要效仿夏、商、周三代，其他朝代的做法都不是真正的'治道'。"

宋神宗听了这话很高兴，因为王安石初次入对时，说的是"陛下当法尧、舜"，与张载之语异曲同工。于是又问道："后世偏离三代之道，行使论功行赏的制度，这是否符合三代'治道'？"

张载回答："王者封赏须同时衡量功、德，而秦国实行军功等爵，只讲功劳忽视德教，使民众只知追求仕途俸禄，而忽略了修德。现在应该恢复三代重视教育的传统，使民众正确理解封赏的本意。从而使民众的精神、生活都得到改善，这是符合三代并适合现在的做法，必然有助于朝廷政治。"

宋神宗听他句句不离三代，不禁在心里认定张载会赞同变法，就说："卿可往见二府议事，朕且将大用卿。"

张载乍一听"大用"二字，心里微微一颤，但随即想到"二府议事"，不由得心头一沉，便谨慎地回答说："臣自地方入朝，还不清楚朝廷新政，希望能观察一个月，再提出建议。"

宋神宗听了觉得有理，他对张载颇有好感，说道："然。"这次引对到此结束。

过了几天，宋神宗在接见大臣时，提到了张载，认为他的才能胜过前一任崇文院校书，王安石也表示赞同。于是，宋神宗下诏任命张载为崇文院校书。这个职位是宋神宗为储备人才而设，任期二年，若表现出色，或者授予馆阁文职，或者提拔重用。显然，宋神宗、王安石对张载抱有很大期望。

然而张载此时内心充满矛盾，因为他的故旧亲友文彦博、张戬、程颢、吕公著、吕公弼等人，全都不赞同王安石。偏偏他又接到了宋神宗的口谕，要去中书门下和枢密院议事，其实就是去见王安石。那么，到底该如何抉择呢？

经过一个月的思索，张载对朝堂上的各种派别、意见，有了清晰的认识和分析，便正式来到政事堂，拜谒王安石。

王安石见到张载很是热情，他读过张载的奏状，很认可他的学识和能力。寒暄几句后，王安石引入正题，正色道："我担心自己不能胜任新政的制定和实施，希望能得到您的帮助。"

张载坦诚地说："朝廷将大有为，天下之士都愿参与。若为政者与人为善，则人人尽力；若为政者'教玉人琢玉'，则人不能尽力矣。"这番回答寓有深意，"教玉人琢玉"的典故出自《孟子·梁惠王下》，意思是工匠雕刻玉石，自有方法和规则，如果国君强迫工匠按照自己的想法去动手，只会破坏玉石，治国的道理亦是如此。张载的意思是变法改革是好事，若能顺应民意，那么大家都会尽力，但如果强人所难，就会适得其反。可见，张载赞同渐进式改革，政治上属于反变法派。

后来，两人继续交谈，发现对很多问题的观点相互抵牾，王安石的脸色渐渐沉了下来。

# 三

此后不久，王安石就与宋神宗商定，派张载前往越州（今浙江绍兴），审理苗振贪污案。诏书一下，就遭到吕公著、程颢等人的反对，他们认为张载因为学问道德而入朝为官，不适合审案断狱，这项任命是用人不当，会引起朝野上下非议。

但是宋神宗反问道："贤良之士就不能审案吗？"王安石也说："《诗经·泮水》云'淑问如皋陶。'上古贤士皋陶尚且在泮水岸边审问囚犯，怎么会损伤他的品德呢？"

那么，为什么宋神宗、王安石执意要派张载千里迢迢去办理苗振案？还有，为什么吕公著、程颢不愿意让张载去呢?

张载王命在身,无暇多想,立刻收拾行囊准备动身。离京之际,张戬来送别,嘱咐哥哥保重身体,似乎还有话要说,却欲言又止,只塞过一封书信。张载见张戬表情复杂,吞吞吐吐,不禁满腹狐疑:难道张戬与吕公著、程颢等人想替苗振求情?想到这里,心中有些不快,自己岂是徇私枉法之人!但是他不便当众指摘弟弟,交待几句,便出发上路了。

张载一路南下,为了避嫌,刻意没读张戬的信。到达苗振的羁押地越州后,他先去府衙拜会前枢密副使、知越州邵亢。邵亢给张载引见了越州司理参军、司法参军等属官,协助张载开展苗振一案的复审。

待旁人散去,邵亢试探着问:"子厚此来浙东,对苗振案背后曲折,可有耳闻?"

张载回答说:"未知。想是苗振为官多年,人脉深厚,故遣我前来复审其罪状是否属实。"

邵亢意味深长地说:"既如此,那么满朝文武就拭目以待,静候子厚不偏不倚,秉公断案。"

张载不敢耽搁，立刻投身到调查取证、审理案情的工作中。苗振案的案情并不复杂，苗振在知明州（今浙江宁波）任上致仕退休，搜刮明州木材，装船运回家乡郓州，又广置田产，被乡人举报。今年九月，王安石遣监察御史里行王子韶去明州调查，坐实苗振确有贪污之罪，上报朝廷，苗振随即被押往越州。张载的任务就是复审苗振的贪污数额，确定相关涉案人员，从而最终确定罪状。

这一天，张载端坐在府衙一间廊屋中，昨天他刚提审过苗振，正在查看供词。苗振其人浸淫官场习气，品性贪婪冥顽，对罪行百般推脱，甚至还有些瞧不起官位为从六品著作佐郎的张载。

张载翻看着苗振的供词，想起他言语中流露出的不耐烦。张载并没有动怒，反而觉得世上如此苟且之辈多矣，正反映了人无信仰、深陷名利的迷惘和无助。

忽然，张载读到苗振的一句话："我以待罪之身，恳请张著作明鉴：此番我虽下'诏狱'，却并非朝中当权者的真正目标，故无须再为难我。相反，若由我牵涉出朝中当权者真正嫌疑之人，岂非对张著作实有助益？"

张载昨天只当苗振在闪烁其词，今天细读，对"朝中当权者的真正目标"一句，大感疑惑。苗振的话，似乎在暗示王安石有真正想处置的人，而派张载前来审案，目的是从苗振身上牵出这个人。张载立刻想到宋神宗、王安石执意要派自己来断案，还有吕公著、程颢反对自己前来，以及张戬有话不说，包括邵亢此前的询问……这一切都显示了苗振案背后隐藏着玄机。

张载正在出神，属下进来禀报："有尚书都官郎中沈衡遣差役前来投书，现在门外候见。"

张载想了想，自己并不认识沈衡，当下传唤差役进屋回话。很快，一名皂衣差役进屋，向张载施礼，递上沈衡的书信。

信中写道："沈衡受命审理前龙图阁直学士、知杭州祖无择贪污公款案，特致信询问张载，是否发现苗振与祖无择有所牵连？"

张载一见祖无择之名，头脑中的种种疑惑，慢慢拼接起来。他急急起身，去见邵亢。

# 四

邵亢微笑着将张载迎入书房，张载说："我梳理了苗振案的时间线后发现，苗振因贪墨被举报，王参政派王子韶御史调查，王御史举报苗振，同时还举报了祖无择，接着朝廷将苗振、祖无择两人都下'诏狱'，派我和沈衡分别审理。不知我所说是否属实？还请明公赐教。"

邵亢依然微笑，道："'赐教'不敢当，我还是想问子厚，这次官家发起'诏狱'查办苗振、祖无择，按惯例，'诏狱'本用于审理重大案件，平时很少动用。这次为何偏偏针对罪行并不严重的苗振、祖无择要用诏狱？此举背后用意，是否耐人寻味？"官家是当时人对皇帝的称呼，邵亢话中所指当然是宋神宗。

张载思索着回答："数日来我复审苗振贪污一案，发现各种罪状基本属实，且尚有未坦白招供的贪赃枉法之事，既然苗振之罪属实……莫非王御史在诬诋祖无择？"

邵亢忙摆手，道："此言差矣。我听闻王参政

邵亢微笑着将张载迎入书房。

对官家说，'陛下遣一御史出，即得无择罪，乃知朝廷于事但不为，未有为之而无效者'。可见官家和王参政实想借苗振、祖无择敲山震虎，警告天下官吏，朝廷法度严格，无人可以幸免。"

张载猛然意识到：这其实是宋神宗、王安石给自己的第二次考验。心中不禁泛起苦笑，没想到宋神宗和王安石如此看重自己，即便话不投机，仍想延揽任用。

见张载陷入沉思，邵亢前倾上身，压低声音道："子厚此行，若能从苗振案中抽取蛛丝马迹，牵涉到祖无择，就是向官家和王参政输诚，今后必能得到重用，否则就是彻底与新政划清界限，仕途无望了。"邵亢因为被宋神宗厌恶，而外放越州，他深知君意不可违，而王安石最得君心。所以提醒张载，为了仕途，要顺应宋神宗和王安石的意思行事。

张载感谢邵亢的好意，敛容说道："我初入仕便任祁州司法参军三年，对审刑断狱之事，只知要持正无私。若苗振、祖公罪状属实，定不会徇私，若果有冤情，也绝不令小人诬告得逞。"

邵亢端详着张载的表情变化，摇了摇头，他并不真心相信张载会忤逆圣意，就无可无不可地说："子厚好自为之。"

张载匆匆告别邵亢，回到馆驿，取出张戬的书信，信中大意为：王子韶举报祖无择挪用公钱等罪状，属于灰色地带，各级官员难免会触犯，王安石、王子韶就是在故意刁难。因为祖无择与王安石旧有嫌隙，王子韶岳父在杭州因私事有求祖无择被拒。故此王子韶小题大做告发祖无择，王安石借机大动干戈妄兴诏狱，两人都有私心。想那祖无择在宋仁宗朝已位列侍从，乃三朝近侍，为政宽平，风评极佳，士林重之。张戬与同僚联名上表请求免其入狱，只接受审问，但是被宋神宗拒绝。所以，吕公著、程颢是担心张载此行，或者对祖无择案推波助澜，损害名节，或者惹恼宋神宗和王安石，断送仕途，因而上书劝阻。

张载见张戬隐隐流露出对王安石的强烈不满，心中生出一丝不安。

此后，张载一方面要聚精会神折狱详刑，另一方面也在不断收到反变法派与变法派冲突的消息。

四月，他的担忧变成了现实：张戬被贬出京。

张戬一直反对王安石变法，数十次上书劝谏，又弹劾宰相曾公亮、陈升之、赵抃只会附和，任由王安石与枢密副使韩绛结党。宋神宗令张戬赴中书门下，与宰相们当面辩论。结果双方不欢而散。张戬自觉多谈无益，索性回家闭门不出，随即因为不理事而获罪，被贬为知公安县（今湖北荆州江陵）。

张载压下心中的忧闷，收拢心神审理案情。一转眼，八个月时间过去了。这期间，张载与沈衡及时交换信息，证实苗振与祖无择之间全无瓜葛。熙宁三年（1070）七月，苗振、祖无择两案终于结案。张载断苗振的罪状有二：一是枉法，冤枉无罪之人；二是贪污，证据确凿。张载上奏朝廷，将苗振贬为复州团练副使。另一边，祖无择没有贪污罪，只被定挪用官钱、借公使酒、乘船过制等行径，贬为忠正军节度副使。同时处理有连带责任的官吏十余人，或停职，或降职，或谪放远郡。

当时人虽对祖无择的遭遇感到惋惜，但也肯定张载和沈衡处置这两起案件较为公正，并未造成冤案。张载很好地完成了使命，再一次展现了自己的能力。

当张载还朝时，虽然已是农历七月初秋，但持续的暴晒，使得开封中午的温度骤升，密不透气的公服、朝靴更是令官员们倍感燥热。张载很快获知，不只是张戬，还有吕公著、范纯仁、司马光等一批官员或获罪，或离去。张载时刻感受到朝堂上压抑的气氛，不觉意兴索然。好在程颢还在开封，两人得空促膝长谈。

这天午后，张载来到程颢的居所，两人对坐品茗。程颢未开口先叹气道："事难矣。王介甫推行新政，君子、小人并用。君子正直不附和，介甫就认为他们不通世务，都调走了；小人卑躬谄媚，介甫却认为他们能变通，反而都擢用了。"

张载刚想说话，忽然一阵剧烈咳嗽，他喘息半晌才语带疲惫地说："恢复三代之法，本是富国良策，缘何酿成朋党之争？倘昔时庆历旧事重演，于变法亦无甚益处啊。"张载说的是当年范仲淹倡导"庆历新政"，引起非议，被迫离朝一事。"党争"是北宋朝臣最避忌的字眼，任谁也不敢轻易沾惹上身。

张载、程颢一阵沉默，转头望向窗外天空，一大片云朵被一阵强风吹散。此时两人的心情亦如浮云，到底该何去何从？

# 试验井田

一

十几年废寝忘食的寒窗苦读，加上身在官场事无巨细的操劳，令张载患上了肺病。在越州大半年的审案调查，使他倍感疲惫，还朝后，眼见朝政纷扰，张载内心焦虑不安，身心俱疲的他上表辞官，回陕西寻医治病。得到允许后，五十一岁的张载返回横渠。从渭州前线参谋军务，到东京开封垂拱殿面君，再到越州办案，持续操劳数年的张载，又过回长夜孤灯、传道授徒的耕读生活。

在横渠镇的家中，张载的书房，也是与学生聚谈的讲堂，名为"集义斋"。返乡后，张载经常与学生、友朋围坐一处，大家或者听张载讲学，或者争论辩难，气氛总是热烈而欢快。张载体验到与在朝时截然不同的心情，他欣慰地写诗自况："万事不思温饱外，漫然清世一闲人。"

这天与往常一样，张载坐在书桌前，几个学生或坐或站，品茗闲谈。只听一个圆脸学生说道："我听朝中朋友说，官家最近对人提起：范巽之的学问与天祺公相当。尽人皆知，天祺公早年跟随先生读书问学。想来官家对先生的学问，始终还是认可的。"他说的"范巽之"，是张载的学生范育（字巽之），"天祺公"就是张载的弟弟张戬。

另一个面皮白净的学生接着说："巽之此前向朝廷举荐先生官复原职，却一直没有下文。可见学问是一码事，朝政又是一码事。"

众人一阵沉默，圆脸学生朗声道："先生回乡来，一则需要寻医问诊，再则可以讲学授徒，哪有工夫理会朝堂纷争？"又说："先生，我此来是想邀先生去我家乡武功讲学，我武功学子听闻您此番回乡，无不雀跃欢喜，已在当地修起一座绿野亭，请先生前去暂住，以便我等随时请益。"

旁边一个身材粗壮的学生打趣道："季明，你又耍小聪明，为了请先生去武功讲学，竟然修亭子。若是官家哪天下诏召先生入朝，你的绿野亭不是白修了？"

集义斋里立刻响起一阵笑声。

刚才说话的圆脸学生，是苏昞，字季明。当年张载好友、同年进士张山甫，曾任武功县主簿，就推荐武功学子来张载门下受教。苏昞正是其中之一，此后一直追随张载，后来他整理出了多种张载的著作和资料。

面皮白净的学生是吕大临，字与叔，他是张载同年进士吕大钧的五弟。蓝田吕氏兄弟六人：大忠、大防、大钧、大受、大临、大观，除了次子大防、四子大受，其他四兄弟都是张载弟子。其中长子大忠身在仕途，与张载主要通过书信交流。三子大钧与张载有同年之谊，有过短时间接触。而五子大临、六子大观，直接从学张载。

吕大临比张载小二十岁，嘉祐六年（1061）中进士。他十分崇敬张载，无意仕途，专心问学，后来还成了张戬的女婿。吕大临在张载去世后，与苏晒一道，转入二程门下，这是后话。还有吕大观，字求思，张载评价吕大临、大观兄弟二人：吕大临资质好，但是领悟较慢；吕大观治学视野窄，却能举一反三。可惜的是熙宁五年（1072）吕大观便因病去世，年才二十九岁。

身材粗壮的学生是宋京，他是张载大姐与宋寿昌之子，也就是张载的外甥，长年随侍张载左右。

在张载的学生中，知名的关学门人，早年有他执教京兆府学时的游师雄等人，后来有吕大钧、范育、种师道、李复、张舜民等。而长年跟随他的则是吕大临、吕大观、苏晒、宋京等人。

张载看着学生们年轻朝气的脸庞，仿佛自己也年轻了几岁。他看着吕大临说道："与叔方才说'学问是一码事，朝政又是一码事'，此语略显消极，却也符合为师一贯的主张。若诸位立志成圣证道，便不要投身科举，因科举而入仕途，极容易为求显达而做出违背'天性'之事，与'内圣外王'渐行渐远。"

吕大临忙敛容垂首，道："我有幸追随老师学习，一直担心自己资质平平，不能领会儒学真谛，辜负老师的教诲，以负师训。刚才随口之言，不敢当老师谬赞。"

张载点头道："与叔之见，过人远矣。"顿了顿，又对苏昞说："蒙武功学子相邀，为师自会前往。不过，到时我要亲往察看那座绿野亭，若营造华丽，为师不但不会入住，还要批评你等。季明你可知否？"

苏昞忙叉手回话："这个自然。先生自己一向敝衣疏食，却慷慨解囊，资助钱粮，解学生衣食困窘，全不以钱财得失为念。学生岂敢追求奢华，玷污先生的清名？"

宋京听了苏昞的话，若有所感，说道："先生对学生真是推心置腹，我等有问题前来讨教，先生从来没有倦容，始终耐心地开解启发。我记得上次随先生考察东渠、西渠，路上遇到问学之人，先生也是百般叮咛教诲，后来还跟我说，惟恐耽误了这个人的学业成就。"

听了宋京的话，在座诸人纷纷点头。张载外表严肃，但待人赤诚，学生与他相处越久，越感到倾心钦慕，如坐春风。吕大临由衷地说："先生气质刚毅，德盛貌严，然与人居，久而日亲。"

正说着话，忽然屋外传来一阵哭声，随即一个幼小的身影闯进屋里，扑到张载怀里哭泣。

众人一看，原来是张载的独子张因，不到十岁，稚气未脱。在场的学生们与张载早已形同家人，见此情景，都关心地上前，轻声安慰张因。

张载俯身扶起张因，问他哭泣的原因。张因抽泣着说："爹爹，糙米太难吃了，孩儿实在难以下咽，为何妈妈不给我做精米吃？"

苏昞一听，就拉着张因的手，道："不早说，我这就去帮师母捣米去糠。"正要迈步，却见张载缓缓站起，脸色严肃。

宋京在旁边拉了拉苏昞的衣袖，苏昞赶忙撒手。

张载拉起张因的手往屋外走，边走边说："因儿，今年关中旱灾，粮食歉收，有的村落已经发生了人相食的惨剧。不是爹爹妈妈不给你精米吃，而是不能浪费粮食，吃糙米也能充饥嘛。"

父子两个缓步走出院落，张载指着田间萧条景象，安慰张因说："咱家幸有存粮，不至于挨饿，对比饿死的人应该感到幸运，如何还能挑三拣四哪？"

张因抬手擦去眼泪说："难怪爹爹在一顿饭间，数次停箸不食，仰天叹息，原来是为了那些饿死的人痛惜。因儿知道了，我也能为爹爹分忧，我就不吃饭了。"

张载苦笑着蹲下，看着张因，道："因儿长大了，我们读书人就是要'以天下为念'。这样好不好？一会儿吃饭，我挑拣饭粒，粗糙难咽的饭粒拨到我的碗里，精细白净的饭粒拨给因儿，这样我们都有饭吃了。"

张因笑了，说："我会使劲把饭嚼碎再咽下，不浪费粮食。"

张载欣慰地微笑，起身望向广阔的田地。他辞官回乡并不只是为躲避王安石变法，而是想效仿夏、商、周的制度，实施一个酝酿已久的计划，眼前这片土地，就是他大展拳脚的试验场。

# 二

熙宁六年（1073）秋，这天吕大临、苏昞相约来探望张载。一进院门，看到张载正领着家中女童在院子中演习祭祀礼仪，宋京也站在一旁示范。

两人一见老师，忙趋前行礼。张载见到学生到来，原本严肃的脸上浮现出笑意，招呼两人先进屋，自己随后便来。

吕大临、苏昞进了名为"集义斋"的书房，站在窗前，望着院中的张载、宋京等人演礼，目光也自然地落在了两扇窗板上。上面分别题写了两篇铭文，初名《订顽》《砭愚》，后来在程颐建议下，改为《西铭》《东铭》。其中《西铭》一篇，集中阐释了张载的核心学术思想，深受二程推崇，是关学、洛学开示学生的必学教材。

吕大临、苏昞对《西铭》早已烂熟于心，苏昞爱说笑，转头对吕大临说："与叔，犹记得刚入学时背诵此篇的情景乎？"一句话，勾起了两人的兴致，两人同时诵道："乾称父，坤称母；予兹藐焉，乃混然中处。故天地之塞，吾其体；天地之帅，吾其性。民吾同胞，物吾与也……"一口气背诵完毕，两人相视大笑。

苏昞由衷赞叹道："先生学识渊粹，行文高妙。单说开头这几句，'天属阳，如父居上；地属阴，如母位下；渺小的我们，由天地阴阳交感而化生，如子女处于天地之间。天地之间充盈着气，我们身体由此而来。天行健、地势坤，是天地之志，决定着天地之气的属性，也决定着我们的本性。'开宗明义，以气为本。"

顿了顿，又接着说道："尤其是'民吾同胞，物吾与也'这两句，既然天地之气、天地之志造就了人，乃至世间万物的形体、品性，那么世间所有人都是我的同胞手足，甚至世间万物都与我同类。真是发前人所未发。"

吕大临与苏昞不同，他不紧不慢地说道："我最近反复思考先生所教四句：'为天地立心，为生民立道，为去圣继绝学，为万世开太平。'越发觉得《西铭》内涵深邃。因为气为天地万物之本，故为生民所立之道，就是使生民知晓自己与天地均气同体，而《中庸》所谓：'天命之谓性，率性之谓道.'也就是天命之道，映照于人心。先生正是通过'气'，将儒家事天、爱物、仁民、孝亲一体贯通。"

苏昞闻言重重点头，道："在孟子身后千余年，无人能够详述此理，全赖先生继此绝学。功莫大焉。"

吕大临手指窗外，笑道："莫忘了先生还倡导以礼为教，通过'礼'培养'德'，从而使人安定内心，专心儒学，将所学付诸行动，由'礼'而入'理'，实现孔孟所论之'义'，这样才能开万世太平。"

苏昞立刻说道："与叔所言甚是，这正是先生说的先学礼再行礼，'又可学便可行，又可集得义。'——这就是'集义斋'的得名由来啊。"

这时，张载步入屋中，吕大临、苏昞整衣正冠向张载行弟子礼。当下师生坐定，只见张载之子张因端着托盘走进屋子，双手高举过额，将茶杯递呈给吕大临和苏昞。

张因长得虎头虎脑，苏昞最爱逗他，便笑着说："我等一个月要来十余次，每次都如此郑重，反倒见外了吧。"

张因仰着头答道:"家人自来教育我,洒扫应对,服侍长者,礼不可废。"

吕大临、苏昞抚掌大笑,纷纷称赞张因知礼守礼、应对如流。

张载摆摆手,道:"童子之语,不可过言。侍亲奉祭,岂可使人为之!"

吕大临、苏昞忙敛容坐正,吕大临叉手回话道:"谨受教。先生治家接物,始终通过端正自己的行为以感人,如果旁人未能信服,便亲自示范。真正是所言所行,没有一丝一毫不符合'义'。"

## 三

张载取出两封信,交给吕大临、苏昞过目,并说:"这两封信函,分别是和叔、巽之寄来,访问讨论保甲之法。与叔、季明你二人且来说说,当如何拟写答书?"和叔是吕大钧,任陕西宣抚司书写机宜文字,巽之是范育,任监察御史里行。

苏昞很快阅毕,道:"回先生,学生以为今上圣裁，改募兵为保甲，使民户结成保甲组织，每户二丁以上出一人为保丁，平时互助，战时出征。乃是以彼此熟悉的民兵，代替懒惰奸猾的兵痞，既扩大兵源又节省军费，可称良法也。"

吕大临看完后双手将信递给张载，道："保甲之法或能激励民间义勇敢战者从军立功，如秦国以军功赏爵，统一六国。则振奋我朝军威，指日可待。"

张载默默接过书信，正视两人，道："保甲虽为三代法，行之今日则不可，何耶？上古行井田之制，划定经界，不许售卖，而民愿为国征战，原因无他，家、国一体，保国即卫家。然而自秦灭六国，废井田，开阡陌，土地为富者私物，贫者佃种富户土地，只知有地主，不知有国家。"

说话一多，喘气加重，张载端起茶杯喝口茶，把咳嗽压了压，接着道："今不改变土地制度，只图兴师征兵，万无此理。冒井田为名，无井田之实，岂是循土制耶？凡人之性趋利避害，今保甲之法，给民之利少，予民之害多，谁人乐意参战？必受其弊也。"

吕大临、苏昞露出恍然大悟的表情，吕大临若有所思地说："先生所言甚是，难怪先生教导我等'仁政必自井田始。贫富不均，教养无法，虽欲言治，皆非长久之计'。先立井田保证万民温饱，再由教养使人人成圣。先生之志，何其壮哉！"

苏昞接着道："先生此前多次与我等共议井田古法，又买田画成数井，谋划于此分宅第、立租额、广储蓄、兴学校、成礼俗、救灾患。真想早日见到先生功成，推先王遗法，以明当今之可行。"

张载闻听此言，捻须微笑，起身道："与叔、季明，趁天光尚早，且随我一起去看看东渠、西渠吧。"

出了集义斋，叫上宋京，四人一路向北行，穿过横渠镇，见到两条水渠。东渠源自大振谷，西渠源自汤谷，绵延十里交汇，再北流三里入渭河。两道水渠中间这片土地，就是张载所购置的井田，约有二百余亩。

四人沿着水渠缓缓行走，张载在前，吕大临、苏昞、宋京随在他身后。张载边走边说："为政者如欲使百姓安居乐业，须得丈量土地、划分地界。

四人沿着水渠缓缓行走，张载在前，吕大临、苏昞、宋京随在他身后。

纵不能行之天下，犹可验之一乡。世人之所以强调井田难行，是以为此举会夺取富户田地。其实施行井田，受益者众多，若方法得当，数年时间，不用强迫便可实现。批评井田者，只是因为朝廷没有下诏实行而已。"

四人走走停停，直到日落西山，余晖覆盖大地，这片希望之田，仿佛被抹上了丰收的金黄色。

张载可能并不知道，远在千里外的东京开封，王安石在与宋神宗谈话时，提到程颢主张恢复井田，而宋神宗对此评价说："如此即致乱之道。"因为宋神宗认为土地归属于富户地主，划分井田，就是从地主手中夺取土地，必然天下大乱。毕竟时移世易，到底井田能否顺利施行呢？不管他人怎么想，张载始终对此怀着极大的期望和信心。

时光飞逝，白驹过隙，一转眼张载退隐已有六年。至熙宁九年（1076），张载五十七岁，精力、体力大不如前，肺病更是久治不愈。他写下《老大》诗自述心境："老大心思久退消，个中终日面岩峣。六年无限诗书乐，一种难忘是本朝。"就在此时，突然传来噩耗：弟弟张戬病故了。

自从熙宁三年（1070）被贬到江陵府公安县（今湖北荆州公安）以后，张戬辗转陕州夏县（今山西运城夏县）、凤翔府（今陕西宝鸡）等地任职。张戬一向以诚待人，重视礼乐教化，使当地民风为之一变，多地百姓感念其德。不想在熙宁九年（1076）三月，突然得病暴卒，年仅四十七岁。

父亲张迪去世时，张载兄弟年纪都不大，两人一直互相扶持，互相关心。张载经常向人夸奖张戬"德性之美"，而张戬的学业、品行都深受二哥张载影响，他始终对哥哥尊敬有加。

得知弟弟病逝，张载痛不欲生，将张戬葬于张迪墓之侧。张载手书十二篇哀词，刻石置于墓中，又亲笔作《张天祺墓志铭》，感叹天命无常。

深信推命之术的张载，隐隐产生了一种预感。

# 提倡古礼

一

熙宁九年（1076）秋，一天夜里，在沙沙的树叶声中，张载做了一个奇怪的梦：十五岁出川北上，二十一岁面见范仲淹，与弟弟张戬伏案读书，执教京兆府学，大相国寺虎皮讲《易》……自己的过往经历，在眼前一一重现。

天亮晨起，张载惊觉眼角湿润，自己竟然在梦中落泪了？还是在为弟弟张戬去世而悲伤吧。张载走出房门，抬头望着秋日天空，湛蓝空远，口中喃喃自语："三郎，这片天空，果然始终没有变过……"

当天，张载传信召集门人，约定日期前来家中。数日后，吕大临、苏昞、宋京、李复、张舜民等关学门人弟子先后赶来，齐聚集义斋，大家肩并肩地挤着坐在一起，还有不少人站在院子里。

虽已入秋，但天气尚未转凉，张载披着一件旧直裰，坐在椅子上，微微弓着背。学生们看在眼里，真切地感觉到张载的衰老，尤其是在张戬病逝后的这几个月里，张载的白发与日增多、皱纹逐渐加深、身体迅速干瘦，甚至说话都比原来慢许多。所有人都静静地看着张载，没有人开口，他们对老师的智识充满信心，每次来见老师，都获益匪浅。

张载出示了一部书稿，封面写着《正蒙》，他仔细地看了在场每一个学生、学友，先深呼吸几口气，才开口道："'正蒙'二字取自《周易》'蒙以养正'，意思是用圣人之道教化规正人们脱离蒙昧无知。此书是我历年思考所得，书中所言尽与前贤思想契合。写此书的目的是为了发端示人，对秦汉以来儒家学者的学说不够周全之处，进行完善补充。"

说着将书稿交给宋京，让他给大家传阅。

宋京接过书稿，道："先生辞官乡居以来，在家中处处放置笔墨纸砚，行动坐卧，思有所得，立即引笔疾书，即便是夜晚，也起身披衣，燃烛写作。如此冥思苦想所得，必是这本《正蒙》了。"

张载轻轻点头，道："我素来相信，学说思想要'得诸心'，殚精竭虑思考而来，再'修辞命'形成通畅的文字，以此来'断事'，与世间事理互相印证。如果辞命、断事都无失，学术就圆满了，我的生命才充沛、丰富。"

吕大临语气真挚地说："先生所著《西铭》谓'气'是世间万物本源，人通过修德成仁，可还原自身的气。而人与人、人与物、人与世界本源相同，那么自当爱物、爱人、爱一切，由此与宇宙万物'民胞物与'，融为一体，'可达天德'，已然意旨深远。今又敷演为数万言之《正蒙》，足可息邪说、正人心矣。"

张载望着他说："我作此书，意在究通阴阳变化之端、仁义道德之理、死生性命之分、治乱国家之经。《春秋》之所以成书，是孔子的贡献，惟有孟子真正读懂，非通晓'理''义'者，不能学得透彻。前代儒者未通阴阳、道德之理而治《春秋》，故其说多穿凿附会，对《诗》《书》《礼》《乐》之言，多不能正确理解，以个人私见，误解原书主旨。"

苏昞兴奋地说："先生此书名为《正蒙》，所正者亦当有佛教、道教之说，举凡儒家未谈者，都可以取先生之书为正。"

大家精神为之一振，纷纷讨论起书中"太虚""太和""虚空""气"等概念。苏昞向前一步，又手道："先生，学生想为您编辑此书篇目，使其便于诵读，何如？"

张载郑重地点头，道："我写此书，是将儒学看作一株枯树，其树根枝叶虽全，然而如何使其焕发容光，实在于人为之功。另外，还希望将此书作为一个托盘，把各种物件放入其中，就像端给小儿抓周，听凭任意抓取。"

于是，张载将《正蒙》书稿交给苏昞，苏昞将其编为十七篇，并和范育二人分别作序。后世学者又将《西铭》《东铭》编入《正蒙》书中，最终形成了今日通行本《正蒙》。

熙宁九年（1076）十月，王安石第二次罢相，调往江宁府（今江苏南京），部分反变法派官员陆续被起用。熙宁十年（1077）三月，秦凤路经略使吕大防向宋神宗举荐张载，他所上奏章中有"老于田间，众所共惜"之句，道出了张载仕途坎坷、僻居山野的实情。

这一时期，宋神宗的注意力已经转移到职官制度，准备进行托古改制。吕大防指出，现在正是张载学有所用的时机。宋神宗依然认可张载的学识，当即下诏任命他为同知太常礼院。

然而此时的张载患病在身，心态凄楚，他究竟会不会再次入朝呢？

## 二

张载接到诏书后对学生们说："我不敢因为病情推辞，或许还能够有所作为。"语气中的积极、乐观，与他三十七年前去延州见范仲淹时一样。

张载将夫人郭氏和独子张因留在横渠，只带着外甥宋京上路。路过洛阳时，张载与二程相见，还拜会了富弼、司马光、邵雍等名士。尤其是邵雍，他比张载大九岁，以治《周易》闻名。邵雍与张载志趣相投，他曾写诗称赞张载"振素风"。熙宁三年（1070）张载辞官回乡，就拜访过位于洛阳天宫寺天津桥南的邵雍家宅"安乐窝"。这次老友重逢，邵雍正卧病在床。张载由邵雍之子邵伯温引领，来到邵雍床边。两人略略寒暄几句，张载看到邵雍的身体不适合再讨论问题，便说起自己年少时乱翻书，颇晓医道，请为邵雍把脉。

邵雍把手搭到床边，张载把椅子向前挪了挪，聚精会神地号脉。过了一会儿，张载面色平静地说道："先生之疾无虑。"

邵雍没有说话。邵伯温从旁递上手巾，让张载净手。

张载若有所思，对邵雍说道："你信不信命呢？"

邵雍看着张载，说："'天命'我自知之，世俗所谓命，我不知也。"

张载也看着邵雍，道："先生知'天命'矣，还有什么可说?"言罢起身,拱手告辞。

两位当世大儒的会面就这样出人意料地简单,其实他们说的是子夏所言的"死生有命,富贵在天"。两个笃信儒家《周易》学说的人,一瞬间便清楚了彼此的意思。

离开洛阳,张载时隔七年再次来到开封。公卿士大夫听闻消息,都来拜会见面,旧交重逢,新知初会,说不尽的话题,发不完的感慨。恍惚间,张载仿佛又回到了二十一年前,来开封参加省试,在大相国寺虎皮讲《易》的时光。只是对谈的人,现在都已经头发斑白。

然而现实总是不声不响地把人警醒,张载发现,开封城里的京朝官们,都在或主动或被动地站队,而他自己早已经被划为富弼、司马光、文彦博反变法派,有多少人欢迎他,就有多少人排斥他。张载这次东来,准备向朝廷提出多项建议,尤其是主张恢复古礼。可是应者寥寥,时常遭到质疑和反对。张载不禁困惑:嘉祐时从容论道的气度,为何现在消失殆尽?

这时,有人上书请求恢复先秦时期冠婚丧祭

礼，宋神宗下诏礼官讨论。当时，朝廷礼乐、仪式相关事务，由中书礼房、礼仪院、太常礼院、太常寺四家分担。其中太常寺名义上专管朝廷礼仪，太常礼院隶属于太常院，却可以直达天聪，而中书礼房直属宰相，实际事权较重。

接到诏书，四部门正副长官齐聚太常寺。像张载任同知太常礼院，表示还有一名知太常礼院。而太常寺官员，有判太常寺陈襄、同判太常寺高赋、权同判太常寺李清臣等，其中，陈襄属反变法派，李清臣属变法派，高赋立场中立。一场辩论，在所难免。

大堂上，陈襄、高赋、李清臣等人依次排座，陈襄先宣读了宋神宗的诏书，然后让大家集议。

高赋一向务实，直接提出："礼仪乃历代约定俗成而来，既然世间已经习以为常，若强制恢复先秦古礼，古今异俗，反而增加不便。"

张载一直坚定地主张恢复古礼，对于高赋的意见，他当场提出反对，说道："礼是圣人制定的成熟制度，除了礼，天下更无道矣。治民之教化、刑罚，都属于礼。'礼'者，'理'也，圣人制礼合乎于理，若后世之礼不合圣人之制者，皆有违于理。所以说'礼有不须变者'。今所谓礼由人制定，故随世而变，是不知礼源自上天自然之理也。"

李清臣一听就不乐意了，张载强调"礼有不须变者"，好像在暗讽变法派的理论依据不成立。于是，李清臣打断张载，道："同知此言差矣。犹记得同知讲《易》时说过'尧舜用变化的道理，教育民众，使民众保持活力'，又说'通晓变化的道理才能长久，能顺应变化就能适应时世获取利益'。此语与王舒公'天地自然、世间人事的变化，无穷无尽，不停不休'之语暗合，曾被王舒公援引，为何今日尽弃前说？且如此变来变去，如何取信于人？"李清臣所说的王舒公，就是刚刚获封舒国公的王安石。

陈襄面容一沉，望向李清臣，说道："同判，吾等奉旨在此讨论恢复冠婚丧祭礼之事，无须牵涉枝蔓。"

李清臣迅速调转枪口，与陈襄从冠婚丧祭礼，说到圣人之制，再说到变法与守成，又说到司马光、王安石离朝……两人唇枪舌剑，毫不让步。在场众人，自高赋以下，只能尴尬地静坐旁观。

最后，陈襄、李清臣两人拂袖而去，留下众人面面相觑。张载见此情景，心中五味杂陈，只能匆匆对高赋说了句："反对恢复古礼，不符合儒生尊古复礼的本分！"

高赋不置可否，一场讨论便不欢而散。恢复冠婚丧祭礼之事，就这样不了了之。

三

经过这次太常寺集议，张载已经感觉到自己心有余而力不足，但仍想努力恢复古礼。一天，他去郊庙视察，见郊庙礼仪不够严谨，回到太常礼院后，便召集下属，准备重新修订郊庙礼。谁知无人响应，显然大家对张载提倡古礼一事持观望态度。

这令张载心情更加不快，他这次入朝，是希望能够实践恢复三代王政的主张，可是现在完善郊庙礼都无人响应，何谈其他？张载心中的失落、焦虑、不甘、愤懑情绪逐渐增多，肺病病情加剧，他的内心不免怅然：若客死开封，自己的文稿尚未整理，岂非一生所学成未竟之业？想到这里，他决定再一次辞官返乡。

熙宁十年（1077）七月，张载与太常礼院众人作别，依然是与外甥宋京一起，启程回籍。

张载身体衰弱，只能坐车缓行。走到洛阳，二程将其迎入家中，谈起邵雍已经病故，三人相对无言。

程颢问起太常礼院所议论之事，张载道："大事皆为中书礼房决定，我参与的不过是些小事而已。"语气索然，透露着对此次入朝的失望。随后又聊了几句闲话，便自去休息了。

第二天，二程又来探望，三人闲聊的话题自然还是张载这次入朝，意图恢复三代旧制之事。

经过休整，张载精神好了许多，语气平静如常，提起自己看到郊庙礼仪不全，召集下属讨论修改，却无人响应，说道："从干事也能看出人的天性，人的天性是气，气清必定勤快，动手动脚闲不住，反之，懒惰者，必然是天性气浊。"

程颐不同意："不可，若是如此，人就是被气驱使了。"

张载知道程颐还是更相信"心",就看着他说道:"被气驱使是先天的自然。"

眼看两个人又回到了"气"和"心"孰先孰后的老辩题上,程颢想起了当年三个人在开封太平兴国寺对谈整整一夜的往事,便饶有兴致地说:"虽然是自然,但是人被气驱使,行事会无所顾忌。所以还是《庄子》'以恬养知'才好。"

张载喝口茶,道:"'恬养'是学者所为,奈何天下人真心向学者少,争名逐利者多。"

程颢点头,道:"天下之士,有的人有志于报效朝廷,但才情不足;有的人才情足够,却至诚有亏。现在需要的是才情与至诚合一之士,这样的人才能真正发挥作用。"

张载也点头,道:"须得才情与至诚兼备,缺一不可。"

程颢接着说:"有才情无至诚,也不是真的才情。如果没有至诚,即便建功立业,也是在就事论事,缺乏规划和定见,就是被'浮气'驱使,永远陷入无休止的冲动之中。"

张载、程颢、程颐彼此对视，嘴角都浮起一丝笑意。显然，他们都想到了当今朝政，变法派、反变法派争来吵去，真好像是在被"浮气"驱使，各方都在努力，却理不出头绪。不过，顺着程颢的思路说下去，可能会扯到宋神宗身上。张载谨慎地说道："我见朝中文武，才情、至诚兼备者少之又少，故此今日与人结交往来，俱无益，不如闲居。"

程颢、程颐立刻听出张载的话外音：我们说的都是朝臣，可不是拿才情、至诚或者浮气这些标准衡量官家。

程颐觉得张载历经两次仕途打击，有些消沉，便给他打气道："我待人接物，见到谈经论道者很多，但是能够说透儒学精髓的人，实在没有人比得过表叔您。"

程颢则感慨说："表叔所作《西铭》，醇然无出此文也。自孟子后，盖未见此书。"

程颐重重点头，说："道尽高，言尽醇，自孟子后，儒者都无表叔见识。"

张载笑着摇头，道："伯淳、正叔才是从

十四五岁时，便专心致志欲学圣人。"

张载与二程的学术交往，始于宋仁宗嘉祐元年（1056），至今已经有二十一年，三人之间能够长期深入地对谈，是学识、智力对等的体现。当然，他们之间不吝批评，能够直陈对方的不足，真正形成了惺惺相惜、互相尊重的良好关系。

此后几天，三人又数次谈话，话题十分广泛。有时宋京以及二程的学生还来旁听，后来转述给苏昞，苏昞将这些谈话整理成文字，称为"洛阳议论"。

二程看到张载病情逐渐加剧，有意留他在洛阳多休养些时日。然而，张载患肺病已长达十年，身体早到了极限。一天，张载凄然对二程说："我的病已然不能痊愈，或许可以支撑回到京兆吧。"这句话透露出自己希望魂归乡里的意愿。二程默然，只好送张载、宋京出发。

十二月，张载西行至临潼馆驿，病情加重，无法上路，只得在床榻上躺卧休息几天，吃喝都是宋京服侍。

这天傍晚，宋京端着米汤菜蔬送到张载屋里，一进房门，却见他披着直裰，双脚垂地，坐在床榻上，望着窗外。

宋京一见大喜，把餐盘搁到一边，上前问道："舅父今天起床了，可是觉得身上舒坦了些？"在外面，宋京称张载为先生，私底下，却一直以甥舅相称。

张载依然眼望窗外，似乎听到了宋京的话，又似乎没听到。

宋京正自狐疑，忽听张载轻声说："京儿，你扶我去窗边。"

宋京忙伸手搀扶，张载身体很轻，双腿无力，慢慢地踱到窗边。宋京拉过靠背椅，张载却不坐，十分费力地把窗户推开。

寒风一下吹进屋里，宋京忙脱下自己的长衫，给张载披上。张载努力地抬起头，望向窗外，只见四下阴霾晦暗，寒风呼哨着拍打窗棂，树叶摇曳摆动，天空完全被云层遮蔽，无法透射一丝光亮。张载眉头微微一动，心中若有所感。

半晌，张载坐回床榻上，吩咐宋京为自己沐浴更衣，然后默默就寝。

寒风一下吹进屋里，宋京忙脱下自己的长衫，给张载披上。

宋京不敢打扰，服侍张载躺下后，悄悄退出房外。到第二天早上，宋京入内探视，却发现张载已然在夜间病逝，时年五十八岁。

　　宋京托馆驿吏人看管遗体，自己入京兆报丧。关学门人弟子闻讯，从关中各地回来奔丧。众人见张载身无余资，便共买棺椁，缞绖挽车，运回横渠。元丰元年（1078）三月，葬于横渠大振谷口张迪墓南侧。

## 张 载
### 生平简表

● ◎ 宋真宗天禧四年（1020）

张载出生。

● ◎ 宋仁宗景祐元年（1034）

迁居陕西郿县横渠镇（今陕西宝鸡眉县横渠）。

● ◎ 宋仁宗康定元年（1040）

赴延州（今陕西延安）谒见范仲淹，欲率兵取河湟。范仲淹勉励他读《中庸》。

● ◎ 宋仁宗庆历二年（1042）

_____

赴庆州（今甘肃庆阳）谒见范仲淹，作《庆州大顺城记》。

● ◎ 宋仁宗至和元年（1054）

_____

被文彦博聘为京兆（今陕西西安）府学教授。

● ◎ 宋仁宗嘉祐元年（1056）

_____

赴开封（今河南开封）"虎皮讲《易》"，与吕大钧、程颢、程颐、张山甫等论学。

● ◎ 宋仁宗嘉祐二年（1057）

_____

中进士，授祁州（今河北保定安国）司法参军。

● ◎ 宋仁宗嘉祐四年（1059）

_____

与程颢讨论"定性"。

## ●◎宋仁宗嘉祐五年（1060）

升丹州云岩（今陕西延安宜川）县令，为政"以敦本善俗为先"。

## ●◎宋英宗治平三年（1066）

被王陶聘为京兆府学教授。撰《贺蔡密学》。

## ●◎宋英宗治平四年（1067）

出任签书渭州（今甘肃平凉）军事判官公事。

## ●◎宋神宗熙宁元年（1068）

撰《与蔡帅边事画一》《泾原路经略司论边事状》《经略司画一》等。

## ●◎宋神宗熙宁二年（1069）

闰十一月赴开封觐见宋神宗，任崇文院校书。与王安石面谈，"所语多不合"。与程颐讨论"修养"。赴越州（今浙江绍兴）审理苗振案。

## ●◎宋神宗熙宁三年（1070）

辞官回到横渠。撰《西铭》《东铭》。试验井田。撰《答范巽之书》《并答范巽之书》《真像堂记》等。

## ●◎宋神宗熙宁四年（1071）

撰《宋府君墓志铭》。

## ●◎宋神宗熙宁六年（1073）

撰《与吕和叔书》《与范巽之书》，与吕大钧、范育讨论保甲法。

## ●◎宋神宗熙宁八年（1075）

撰《老大》诗。

## ●◎宋神宗熙宁九年（1076）

撰成《正蒙》。

三月，赴开封任同知太常礼院，数月后罢归。在洛阳（今河南洛阳）与二程论学。十二月，卒于临潼（今陕西西安临潼）馆舍。